U0032455

聯經經典

論 友 誼
Laelius De Amicitia

西塞羅(Marcus Tullius Cicero)◎著
徐學庸◎譯注

國科會經典譯注計畫

.

獻給　寧馨

目次

論友誼

前言

這譯注的完成過程中獲得諸多師長及朋友的協助,謹於前言表達我的感謝於萬一。首先,康士林院長與丁福寧教授於輔仁大學外語學院成立「西洋古典暨中世紀文化學程」,使得對拉丁文有興趣的人士能有機會學習及互相切磋,翻譯西塞羅《論友誼》的念頭便是在此情況下孕育而生;過去的三、四年間受教於康院長,且在他熱心的指導下,班上的拉丁文同好如李燕芬教授及謝惠英老師,每周一次翻譯拉丁原典及相互校正,讓我不僅扎下好的語法基礎,也有相當廣博的閱讀。若沒有康院長的堅持與付出,若沒有兩位老師經常的鼓勵,這部譯注或許無法與讀者見面。

此外,我於九十四學年度留職停薪赴牛津大學進行一年的研究訪問,譯注便是於牛津研究期間完成;赴牛津從事研究得以成行要感謝我所任教的系所輔仁大學哲學系,師長同事們慷慨及不辭辛苦的為我代課,使我能卸下教學的義務。在牛津的研究也受到許多友人的益助:牛津大學哲學中心的職員Julie Kachniasz小姐,及Thomas Moore先生在學校放暑假時依然盡力使我能在最短時間內完成報到手續;基督教堂學院(Christ

Church College)Lindsay Judson教授允諾擔任圖書館借閱之擔保人，我得以悠遊於包德里圖書館(Bodleian Library)、薩克勒圖書館(Sackler Library)及哲學中心圖書館，順利開展《論友誼》的譯注工作；L. Judson教授亦將我推薦給任教於Summerville學院的Tobiaz Reinkardt教授，關於西塞羅《論友誼》的詮釋，Reinkardt教授在羅馬政治倫理相關議題及拉丁文方面給予我諸多有建設性的建議；萬靈學院(All Souls College)的Edward Hussey教授對譯注導論中的伊比鳩魯部分提示寶貴的看法。非常感謝他們如此善意的協助。

我也要感謝國科會兩位匿名的評審委員對這部譯注提供的修改意見，因此避免一些明顯的錯誤；也要感謝國科會相關業務承辦人的耐心協助。而我的譯注案助理曾寶瑩小姐，除了忙於自己的研究及教學工作外，在我去國一年中，獨立而有效地處理與譯注案相關的一切行政事宜，讓我專心於研究，在此表達我的感謝之意。

謝謝我的家人毫無保留地支持；謝謝寧馨願意擔任這部譯注的首位讀者，對譯文流暢、用字遣詞及觀念表述等均表達直接的感想，當然有她的陪伴，我在譯注的路上不致踽踽獨行，這本譯注獻給她。

最後，我以北京大學季羨林教授的一句話作結：「一個人在社會中不可能沒有朋友。任何人的一生都是一場搏鬥，在這一場搏鬥中，如果沒有朋友，則形單影隻，鮮有不失敗者。如果有了朋友，則眾志成城，鮮有不勝利者。」(《季羨林談人生》，香港：三聯書店，2006，58)。

縮寫

CB	*Classical Bulletin*
DK	Diels, H. and Kranz, W.(eds.)(1974). *Die Fragmenta Der Vorsokratiker*, Weidman.
EK	Edelstein, L and Kidd, I. G.(1972). *Posidonius* Vol. I: The Fragments, Cambridge: Cambridge University Press.
EN	*Arsitotle's Nicomachean Ethics*
Eud. E.	*Aristotle's Eudemian Ethics*
LD	Lewis, T. C. and Short, C.(1951). *Latin Dictionary*, Oxford: Clarendon Press.
Lucr.	Lucretius, *De Rerum Natura*.
ODCW	Roberts, J.(2005). *The Oxford Dictionary of Classical World*, Oxford: Oxford University Press.
Plut.	Perrin, B. *Plutarch: Lives*, Mass. Cambridge: Harvard University Press.
SLL	Prechac, F. and Noblot, H.(ed.)(1956). *Sénèque: Lettres À Lucilius* Vol. I, Paris: Les Belles Lettres.

SVF   Von Arnim, H(2004). *Stoicorum Veterum Fragmenta*
             Vol. I, Leipzig.
TEP   Gaskin, J.(ed.)(1995). *The Epicurean Philosophers*,
             London: Everyman.
TSS   Fortenbauch, W. W.(ed. and trans.)(1992). *Theophrastus*
             of Eresus: Sources for His Life, Writings, Thought
             and Influence, Leiden: Brill.

導 論

羅馬傳記學家及哲學家普路塔荷(Plutarch)曾說：

> 然而他(西塞羅)經常要求朋友不要稱他是演說家，而
> 稱他爲哲學家，因爲他選擇哲學作爲一份事業，但利
> 用演講術這個工具以達成政治工作上必要的目的[1]。

壹、政治的西塞羅

「羅馬共和時期重要的政治及演說家」是大多數人對西塞
羅(Marcus Tullius Cicero)的既定印象。生於西元前106年羅馬東
南方的城市阿爾皮農(Arpinum)[2]，西塞羅的父親是富有的騎士
階級，以當時的社會習俗，具有政治理想與抱負的年輕人，都
會希望登上羅馬的政治舞台一展長才，然而西塞羅的父親卻因
健康因素並未前往羅馬發展，而在阿爾皮農成爲一位學者。西

1　*Plut. Cic.* XXXII, 6.
2　西塞羅對自己出生地的描寫，參見《論法律》(*De Legibus*)II, 1-3。

塞羅有位弟弟昆圖斯・西塞羅(Quintus Tullius Cicero, 102-43 BC)，老西塞羅對這對兄弟的教育極為重視，在幼年時便讓他們接受傳統的羅馬教育[3]。根據普路塔荷的記載，西塞羅自幼聰穎，天資過人，連班上同學的父母都特地去目睹這位天才兒童[4]。完成基礎教育後，西塞羅與昆圖斯一齊寄宿在當時著名的演說家陸奇烏斯・克拉蘇斯(Lucius Crassus, 140-91 BC)家中學習修辭學與講演術[5]，經過一年，西塞羅在行過十六歲的成年禮之後，老西塞羅讓他跟隨已年高八十的法律專家昆圖斯・穆奇烏斯・史凱渥拉修研法律[6]，這是西塞羅走入政治的第一步。

　　除了文法、詩歌、修辭學及講演術的鑽研外，西塞羅亦跟從當時重要的希臘哲學家吸取哲學養分[7]，例如82年在羅馬新學院哲學家菲隆(Philon of Larisa, 161/0-84/3 BC)的課堂上[8]，西塞羅曾受到相當的啟發。在結束羅斯奇烏斯(Roscius)的訴訟案後[9]，由於擔心蘇拉(Sulla, 137-78 BC)報復，於79年渡海至雅典，他在當地接觸到菲隆的學生安提歐庫斯(Antiochus of Ascalon，約卒於68 BC)的思想，西塞羅欣賞此人的措辭用語，但無法接受其主張，因為西塞羅認為這背離了新學院懷疑主義的路線[10]。隔年他

3　教育內容以文法及詩歌為主，參見E. Rawson: 2001, 7的敘述。
4　*Plut. Cic.* I, 2.
5　參見《論演說家》(*De Oratore*)II, 2。
6　參見導論，人物史凱渥拉。
7　西塞羅於《論義務》中自述他與哲學的關係(I, 2-II,8)。
8　*Plut. Cic.* III, 1.
9　參見《代表羅斯奇烏斯・阿梅里奴斯》(*Pro Roscio Amerino*)。
10　*Plut. Cic.* IV, 1-2.

又到小亞細亞與贊諾克雷斯（Xenocles of Adramyttium）、狄歐尼希烏斯（Dionysius of Magnesia），及梅尼普斯（Menippus）進修講演術；在羅德島與默隆（Molon）繼續充實講演術及向斯多葛學派哲學家波希東尼烏斯（Posidonius，約135-50 BC）學習哲學[11]。此外，他對柏拉圖、亞里斯多德及塞歐弗拉斯圖斯（Theophrastus）的思想均有涉獵[12]，對伊比鳩魯學派也相當熟悉。至於西塞羅如何看待這些哲學家的思想及受到何等程度的影響，導論第二部分將論述之。

79-77年間，西塞羅除了四處學習之外，順便調養好胃痛的毛病[13]，期間他也參觀了德爾菲神廟，祭司告誡「勿以民意為生命的依歸」[14]。77年回到羅馬後，西塞羅謹慎行事，時隔兩年選上稅務長官（quaestor）並任職於西西里，70年他成功起訴維瑞斯（Verres）於73至71年任西西里行政長官之不法貪瀆的罪行，隨後於69年選上市政長官（aedile），66年選上司法長官（praetor），63年選上執政官，同年底他阻止了卡特利納（Catilina）的密謀叛國，使他的政治生涯達到頂峰，甚至被群眾推崇為「國父」[15]（patera patridos），然而羅馬詭譎多變的政治情勢並未讓西塞羅坐享盛名，高枕無憂。

彭沛烏斯（Gnaeus Pompeius Magnus, 106-48 BC）於60年與凱

11 *Pult. Cic.* IV, 5-6.
12 *Plut. Cic.* XXIV, 5-6；《論神的本質》（*De Natura Deorum*）I, ii, 6-7。
13 *Plut. Cic.* III, 7-IV, 1-5.
14 *Plut. Cic.* V, 1, 'me tēn tōn pollōn doxan'.
15 *Plut. Cic.* XXIII, 6.

撒(Gaius Iulius Caesar, 100-44 BC)及克拉蘇斯(Marcus Licinius
Crassus，約115-53 BC)形成三人執政(triumviratus)，凱撒所支持
的護民官克婁帝烏斯(Publius Clodius Pulcher，約92-52 BC)於58
年對西塞羅下達放逐令並充公其家產，西塞羅在不得已的情況下
搭船至希臘[16]。歷經18個月的流亡生涯，57年9月回到羅馬[17]，
此時西塞羅在政治上的首要目標是分化三人執政聯盟，但這三
位軍事強人卻於56年訂下契約，由彭沛烏斯與克拉蘇斯在55年
任執政官，凱撒在高盧(Gaul)的駐兵延續五年，並於48年任執政
官，這個協定讓西塞羅的共和之夢破碎。從51年夏到50年夏西
塞羅被指派為奇利奇亞(Cilicia)的首長[18]，在此期間彭沛烏斯與
凱撒漸行漸遠，終至反目成仇，導致49到48年的內戰，內戰時
期西塞羅猶豫該選擇支持誰，進退失據[19]，最後他站在彭沛烏
斯那一方[20]。儘管彭沛烏斯於48年8月在希臘的法爾沙陸斯之役
(Pharsalus)戰敗，並在埃及被刺身亡，但凱撒對西塞羅支持彭沛
烏斯並未表示不悅，47年9月回羅馬途中在布倫迪希恩
(Brundisium)與西塞羅見面，並赦免其弟昆圖斯為彭沛烏斯效力
之罪[21]。

　　從布倫迪希恩回到羅馬之後，西塞羅與元配特倫緹雅

16　由普路塔荷得知，西塞羅在羅馬的朋友紛紛勸他留下，ibid. XXXI,
　　5-6。
17　參見《給阿提庫斯的信》(Ad Atticum)VI, 1, 1-5。
18　Ibid. V, 16.
19　Ibid. VII, 21, 1-3.
20　Ibid. X, 16, 4.
21　Ibid. XI, 24.

（Terentia）離異，並娶普博麗麗雅（Publilia）為妻[22]。45年2月西塞羅的愛女圖麗雅（Tullia）驟逝對他產生重大的衝擊，從45到44年西塞羅在哲學中找到生命的慰藉，這段時光內他完成了大量的哲學作品，諸如《學院思想》（*Academica*）、《論目的》（*De Finibus Bonorum et Malorum*）、《在圖斯庫倫的論辯》（*Tusculanae Disputationes*）、《論神的本質》（*De Natura Deorum*）、《論占卜》（*De Divinatione*）、《論命運》（*De Fato*）、《論老年》（*De Senectute*）、《論友誼》（*De Amicitia*），及《論義務》（*De Officiis*）。短暫的時間內有如此不可思議的創作量，或許喪女之慟與遠離政治讓西塞羅在哲學思想上所累積的成果得以全面開展。

西元前44年3月15日凱撒於元老院前被刺殺，西塞羅的共和夢又起，可惜瞬間破滅，因為凱撒的左右手安東尼（Marcus Antonius, 83-30 BC）不僅在凱撒的葬禮發表演說激起群眾對行刺者的仇恨，更鼓動以往效忠於凱撒的將領擁兵自重。西塞羅既不信任也不喜歡安東尼，他在元老院的會議中多次發言指控安東尼的政治野心[23]，並支持凱撒的義子屋大維（Octavia, 63 BC-AD 14），種下了日後的殺機。43年秋安東尼、屋大維及雷皮度斯（Marcus Aemilius Lepidus, 89-13BC）形成兩次三人執政聯盟，在一項密約中屋大維放棄對支持他最力的西塞羅的保護，十二月七日西塞羅坐在他的轎子上面容堅定地接受死亡的到來[24]。共和夢未竟，殘燈油枯盡。

---

22 *Plut. Cic*. XLI, 6.

23 參見《菲利皮凱》（*Philippicae*）II, 112-119。

24 *Plut. Cic*. XLVII-XLVIII.

貳、哲學的西塞羅

一、菲隆與安提歐庫斯

　　根據普路塔荷的記載[25]，西塞羅在完成基礎教育後，從師於深受羅馬人敬重的哲學家菲隆。菲隆繼承由阿爾克希勞斯（Arcesilaus, 316/5-242/1 BC）於西元前3世紀所創立的新學院，西元前110年（或109年）成爲學院的主事者[26]，88年因羅馬與黑海的國王米斯里達特斯（Mithridates, 120-63 BC）之間的戰爭，他離開雅典搬遷至羅馬。菲隆大抵承襲阿爾克希勞斯以降（或西塞羅認爲蘇格拉底以降[27]）的新學院懷疑主義，但是他在羅馬講學時，並未採取阿爾克希勞斯的思想：反對斯多葛學派「表象可被掌握」（*phantasia kataleptike*）的知識論觀點[28]，主張知識獲得的不可能性；而是選擇卡爾內阿德斯（Carneades, 214/13-129/8 BC）的觀點：斯多葛學派所謂掌握或贊同表象，至多只能證明，這些表象可能爲真（plausible）[29]。此外，菲隆認爲自柏拉圖於西元前4世紀初成立學院後，學院的思想到他爲止一直都保持一貫性；換言之，菲隆並不認爲學院有新與舊的思想路線之分[30]，

25　*Plut. Cic.* III, 1; *De Na. D.* I, ii, 6.

26　J. Barnes: 1989, 52-53.

27　*De Na. D.* I, v, 11.

28　參見頁(34)關於斯多葛學派的論述。

29　*Acad.* II, vi, 18.

30　*Acad.* I, iv, 13. '…, duas Academias esse, erroremque qui ita putarunt coarguit.'

這樣的認知似乎使得他不再是位不抱持立場的懷疑主義者，而成爲一抱持定論的柏拉圖主義者[31]。最後，根據西塞羅的說法，菲隆在教學上哲學與修辭學並行不悖[32]，這正符合西塞羅的需求。

西塞羅在西元前51年至雅典時，曾受教於菲隆的學生安提歐庫斯[33]。史家們對於安提歐庫斯的生卒年並不確定[34]，至於他的思想也只能藉由後人的文獻紀錄中拼湊出來，西塞羅的著作自然提供了相當多的資訊。據西塞羅的記載，安提歐庫斯離開出生地阿斯卡隆後，便一直客居異地，未曾返鄉[35]，20歲時來到雅典[36]，投入菲隆門下學習哲學，跟隨菲隆一段相當長的時間[37]。然而，安提歐庫斯認爲其師的思想無法經得起其他學派的批判[38]，最終離開學院。除此之外，普路塔荷與西塞羅又各自在自己的著作中提到安提歐庫斯告別老師的其他原因，普路塔荷說，爲了反對菲隆其他學生的思想，安提歐庫斯轉而投入斯多葛學派的陣營[39]；西塞羅則說，安提歐庫斯打算成立自

---

31 J. Barnes認爲雖無證據證明，但可合理懷疑，ibid. 77。

32 *Tus. Dis*. II, iii, 9.

33 *Ad Att*.V, v, 10; *De Nat. D*. I, ii, 6; *De. Fin*. V, I; *Plut. Cic*. IV, 1.

34 J. Barnes: ibid. 530推斷他生於130 BC，類似的看法參見J. Dillon: 1977, 52。

35 *Tus.Dis*. V, xxxvii, 107.

36 J. Barnes: ibid. J. Dillon: ibid. 53強調這可能只是最接近歷史事實的推測。

37 *Acad*. II, xxii, 69.

38 *Acad. op. cit*.

39 *Plut. Cic*. IV, 2.

己的學派[40]，但西塞羅又隨後指出，安提歐庫斯覺得新學院的思想不易辯護，而選擇離開菲隆[41]，繼而投身主張基本教義的柏拉圖的學院。西塞羅的第二種說法是建立在《學院思想》第二卷中，陸庫路斯(Lucullus, 118-56 BC)的回憶，他於西元前88-87年間出使亞歷山卓城時，曾見過安提歐庫斯，當時安提歐庫斯收到兩本由菲隆寫的書(isti libri duo Philonis)，他認為菲隆書中所陳述的觀點，已背離了新學院的懷疑主義，因此著書《索蘇斯》(Sosus)反駁之(II, iv, 12-v, 13)。而西塞羅的第一種說法之所以不確實，將在本節最後加以證明。

脫離新學院後，安提歐庫斯的思想特色為何？參閱西塞羅的《學院思想》，安提歐庫斯的代言人瓦羅(Varro, 116-27 BC)告訴我們，安提歐庫斯認為蘇格拉底是第一位哲學家，將哲學的關注點從神秘與自然事物轉移到人的生活，並探究人應如何生活才能活得好(ad bene vivendum)，柏拉圖不僅承繼了蘇格拉底的思想，還創立了屬於自己的「學院」，這個學院隨後發展成兩個，一個名為「學院」，由柏拉圖的外甥史培俞希普斯(Speusippus, 407-339 BC)及贊諾克拉提斯(Xenorates)等人主事；另一個稱之為逍遙學派(Peripatetici)，由亞里斯多德成立。雖然這兩個學院名稱不同，卻因系出同門，思想並沒有太大的出入[42]。這是一段眾所週知的希臘哲學史發展過程，但其中饒

40 *Acad.* II, xxii, 70.
41 'Mihi autem magis videtur non potuisse sustinere concursum omnium philosophorum…' *Acad.* II, xxii, 70.
42 'duobus, ut dixi, nominibus una, nihil enim inter Peripateticos et illam

富興味的是在安提歐庫斯的想法中，柏拉圖的學院思想與逍遙學派的思想並無不同，這個特殊的見解直接影響其哲學主張[43]。

遵循傳統，安提歐庫斯將哲學分為邏輯、物理及倫理學。菲隆在知識論上已對斯多葛學派做某種程度的讓步，與其師絕裂的安提歐庫斯則是完全向斯多葛學派靠攏，他以斯多葛學派的兩個觀念來說明確定真的知識是可能的，一個是*phantasia kataleptikē*（掌握印象），另一個是*enargeia*（清晰性）。前者強調可被認知的印象，一定有一個相對應的外在客體存在，它不可能來自不存在的事物；因此，對於安提歐庫斯及斯多葛學派而言，知識始於對外在事物的感官經驗，終於對由感官經驗形成的認知印象的認可。但這種個人對認知印象的認可有導致知識主觀主義的傾向，為避免主觀主義，*enargeia*扮演重要的角色。西塞羅《學院思想》第二卷描述安提歐庫斯的觀點：

> 因此，讓我們從感官開始，它們的證辭是如此的清晰明確（clara iudicia et certa），若我們的本性（natura）被賦予選擇與被某位天神問及是否滿意它的正確無誤的感官（integris incorruptisque sensibus），或是要求更好的東西，我並不認為它還能要求更多。(II, vii, 19)

感覺經驗的清晰明確性，對安提歐庫斯而言是不容置疑的，因

(續)—————————
veterem Academiam differebat...' *Acad.* I, iv, 18.

43 安提歐庫斯何以會認為柏拉圖的學院與逍遙學派的思想兩者一致，參見J. Dillon: ibid. 57-59。

此知識建立在由實際存在的外在客觀事物烙印於我們感覺官能
上所形成的印象，也是毫無疑問的。

　　然而不同於柏拉圖，安提歐庫斯受斯多葛學派的影響，認
為理智與感官並非一為非物質性一為物質性，而是兩者皆為物
質性[44]。他主張理智雖是感覺官能的源頭，但其本身也是感覺
官能（ipsa sensus est），也會受外在事物的影響[45]。理智不單是一
做判斷的官能，它也與感覺官能互動，有些感覺印象會直接被
理智使用，有些被儲存起來形成記憶，有些則會因為它們之間
的相似性，而被建立成一系統（similitudinibus construit），從中會
產生一些 *ennoiai*（觀念）或 *prolēpseis*（預藏的觀念）[46]。值得一提
的是，雖然安提歐庫斯視理智為一物質性的官能，且它與其他
感覺官能的唯一區別在記憶與觀念的類比[47]，但他依然堅持理
智與其他感覺官能相較，具有優越性與主導性（*hēgemonikon*）。
如此，才能不違斯多葛學派的立場：符合自然之性，就是符合
理性；符合理性，就是依德而行。

　　安提歐庫斯的物理學思想可說是柏拉圖主義與斯多葛學派
的融合，他論及有四種「性質」（*poiotētas*, qualitates），地、水、
火及風，前兩種被動，後兩種主動，支持這四種性質或元素的
是原質（*hylē*），原質不具任何形式（sine ulla specie），缺乏一切性
質（carentem omni illa qualitate），萬物從它而來（e qua omnia

44　斯多葛學派認為靈魂是氣（*SVF* 2, 879）。
45　*Acad.* II, x, 30.
46　Ibid.
47　J. Dillon: ibid. 68.

expressa atque efficta sint），毀滅後又回到原質之中，原質本身有無限分割性(infinite secari ac dividi possint)，在這個宇宙中，原質是萬物最終的基礎，而非原子，萬事萬物都在一可被無限分割的空間中[48]。這個世界或宇宙以如是的方式運行及具有一統一性，乃因為世界魂(animus mundi)或神(deus)的力量在掌控[49]，這股理性的力量，使得世上發生的一切事件和變化都在建立一種必要性上(eadem necessitas)，也就是說，沒有任何一件事的發生是出於偶然。不過，這並不表示安提歐庫斯是位決定論者(determinist)，否定自由意志的存在。因為對安提歐庫斯而言，物質或物理方面，*heimarmenē*(因果連續性)確實形成決定論，但就心理層面的角度，人對感覺印象擁有同意與否的選擇權，正是自由意志發揮的空間[50]。

在倫理學方面，安提歐庫斯的看法是，無論是柏拉圖的學院或逍遙學派皆主張，依德而行是獲得幸福的不二法門，依據德性就是依據人性，因為友誼、正義與公平是從人性中開展出來的[51]。此外，逍遙學派主張免除煩惱(vacare omni molestia)為人生的主要目的，而柏拉圖的學院、亞里斯多德，甚至卡爾內阿德斯[52]及斯多葛學派都認為依照人性的指導行事才是主要的

48　*Acad.* I, vii, 27-28.

49　Ibid. 29；柏拉圖《提邁歐斯篇》(*The Timaeus*)。

50　參見J. Dillon: ibid. 84-88的討論。

51　'…cum des criptione naturae, unde et amicitia exsistebat et institia atque aequi, …' *Acad.* I, vi, 23.

52　《學院思想》敘述新學院的卡爾內阿德斯是位斯多葛學派的哲學

善[53]，表面上看來，逍遙學派似乎與其他學派對何謂「善」的問題有著不同意見，事實不然，因爲如上所言，依人性的要求，正是依理性的要求與依德性的要求，依德而行的生命理所當然免於煩惱憂愁；如此才是幸福的生活。因此，對安提歐庫斯而言，古希臘的哲學學派的倫理思想大同小異[54]，它們之間的不同不是思想本身，而是語彙的使用[55]。

這種強調各個學派之間的差異不是本質上，而只是不同的語言表達相同的思想的態度，充分地展現在安提歐庫斯對斯多葛學派的批判。斯多葛學派爲了反對伊比鳩魯學派的享樂主義，提出人的本能是自我保存(oikeiosis)，安提歐庫斯認可這個說法，但覺得其論證不足，他主張應強調人的自我保存不僅意謂基本的生命維繫(prōtē hōrmē)，而是透過哲學訓練後[56]，能知道並追求對自己有益的事物的一種能力，因此人天賦的本能應

(續)——

　家，'ille noster est Stoicus'(II, xlv, 137)。

53 'summum bonum esse frui rebus iis quas primas natura conciliavisset' *Acad.* II, xlii, 131.

54 安提歐庫斯認爲斯多葛學派與逍遙學派的思想本質上是相同的，參見*De Na. D.* I, vii, 16。

55 'verbis discrepare' *De Nat.* D. I, vii, 16; 'Atque ut haec non tam rebus quam vocabulis commutaverat' *Acad.* I, x, 37.

56 西塞羅形容人性中有與生俱來的德性種子，假以時日，待其成熟茁壯，她自然會帶我們走向幸福生命，'Sunt enim ingeniis nostris semina innata virtutum, quae si adolescere liceret, ipsa nos ad beatam vitam natura perduceret.' *Tus. Dis.* III, i, 2；然而，若德性的種子無法順利成長或遭壓抑，哲學是讓她恢復生機的最佳方式，'Est profecto animi medicina, philosophia' Ibid. III, iii, 6。

是一種愛自己的天性[57]。此外，斯多葛學派過於重視人的理性層面，忽略人的生理感性層面，也是安提歐庫斯認為論證上的不妥之處，他說明倫理思想應考慮人的各個層面，包括心理及生理、理性與感性，因此有屬於心智的善，也有屬於生理的善。人是一種靈肉結合的存有，在追求自身的終極幸福時須兩者兼顧[58]，易言之，追求德性或善是人與生俱來的本能完整的發展[59]。不過，強調生理或身體的善的追求，似乎暗示外在美善事物，如財富、名譽及社經地位，對終極或完美的幸福追求有直接的影響。為避免這樣的誤導，安提歐庫斯補充善的事物可分為兩種：第一類善的事物是心靈及身體的善，組成主要善，即幸福的元素；第二類善的事物是外在美善事物，這些事物既不在心靈，也不在身體中[60]。安提歐庫斯區分出身體的善和外在美善屬於不同範疇，這使得他一方面可以批判斯多葛學派，另一方面又能符合斯多葛學派的核心理念：完美的幸福只能靠追求純然的德性生命獲得，其他一切的美善事物（*adiaphorai*）都無足輕重。《學院思想》中，西塞羅這麼說安提歐庫斯：'qui appellabatur Academicus, erat equidem, si perpauca mutarisset, germanissimus Stoicus'（II, xliii, 132）。他與斯多葛學派之間的區別是遣詞用字

57　*De Fin.* V, 33.

58　*De Fin.* V, 40; Tus. Dis. V, viii, 220.

59　*De Fin.* V, 59.

60　*De Fin.* V, 67. 'virtutem ipsam per se beatum efficere posse neque tamen beatissiman: deinde…si quae pars abesset, ut vires, ut valetudinem, ut divitias,…: item beatam, etiam si ex aliqua parte clauderet…' *Tus. Dis.* V, viii, 22；*De Fin.* V, 71.

的不同，而非意見相左 [61]。此外，安提歐庫斯認為幸福生命的追求不可能以離群索居的方式達成，他的學生瓦羅轉述其師的想法：「幸福生活也是具社會性的，而且愛朋友的善，為了善的緣故，及為朋友的緣故，為他們祝福，……。」(*Aug. CD.* XIX, 3)強調朋友之間的交往是為了友誼的緣故，而不摻雜其他利益的考量，這樣的思維也充分地展現在西塞羅的《論友誼》中。

安提歐庫斯在倫理學的見解，可說融會了柏拉圖的學院、逍遙學派，及斯多葛學派的特色，那麼他是位學派思想的「融合者」(syncretist)，還是位尋求創新的「折衷主義者」(eclecticist)？根據J. Barnes教授的說法，安提歐庫斯屬於思想融合者，而非折衷主義者，因為後者指的是撿拾各家各派思想的片段，組合成一個新的理論系統，而前者意謂他接受這三個學派的思想，並將它們以「夥伴」而非「競爭者」的方法來檢證 [62]。這個說法似乎可以得到文獻的證明，西塞羅在《學院思想》第一卷內告訴我們：'Antiocho nostro familiari placebat, correctionem veteris Academiae potius quam novam aliquam discipinam putandam'（我們的朋友安提歐庫斯同意，〔斯多葛學派的思想〕必須被視為是舊學院思想的修正，而非某種新的系統）(xii, 43)。

西塞羅在其著作中對安提歐庫斯有極高的評價，《論法律》裡西塞羅稱他是有智慧、敏銳及一流的思想家(I, 54)；《學院思

61 *De Fin.* IV, 3; *Acad.* II, v, 15; *De Leg.* I, 54; H. A. K. Hunt: 1965, 97.
62 J. Barnes: ibid. 79, n. 103；J. Dillon: ibid. 74。關於否認西洋古代哲學有所謂折衷主義的意見，參見D. Sedley: 1989a, 118-119, n. 48。

想》裡稱他爲最精緻及最精明的哲學家(II, xxxv, 113)。儘管普路塔荷說，西塞羅喜歡安提歐庫斯放棄的新學院思想體系[63]。但以西塞羅對安提歐庫斯的欣賞與敬意[64]，不難想像安提歐庫斯主張學派思想融合的觀點，或許對西塞羅產生某種程度的影響，尤其是倫理學。讀者們閱讀《論友誼》時自然會感受到這股安提歐庫斯的氣質。

二、柏拉圖

西塞羅不只一次強調自己是主張懷疑主義的「學院」(Academia)的追隨者[65]，並且多次讚美柏拉圖是哲學家的神，是我們的神，及一等一的哲學家[66]，西塞羅甚至將自己在當時與凱撒的緊張關係，和柏拉圖與西拉克斯的暴君狄歐尼希烏斯(Dionysius of Syracuse)的關係做比較，儼然視自己爲羅馬的柏拉圖[67]。此外，西塞羅的諸多哲學著作，如《論共和國》(*De Re*

---

63 *Plut. Cic.* IV, 1及3。

64 'amavi hominem quasi ille me' *Acad.* II, xxxv, 113.

65 在《論神的本質》中，西塞羅認爲關於神的本質的問題，哲學家不可能提出令人滿意的答案，若有誰能提出此答案，他將宣布「學院」的思想是傲慢的，'Quo quidem loco conroccandi omnes videntur qui quae sit earum iudicent; tum demum mihi procax Academia videbitur, si aut consenserint omnes or erit inventus aliquis qui rerum sit invenerit.'(I, vi, 13)。西塞羅的懷疑主義的方法亦可見於《學院思想》I, iv, 16-17；《在圖斯庫魯斯的論辯》V, xi；及《論義務》II, 7-8等。

66 *De Na.* D. II, xii, 32，'Audiamus enim Platonem quasi quedam deum philosophorum'; *Ad Att.* IV, 16, 3; *De Fin.* V, vii.

67 *Ad Att.* IX, 10, 2; IX, 13, 4.

Publica)、《論法律》、《論老年》[68]，及《論友誼》[69]等，皆以柏拉圖的對話錄，《理想國篇》、《法律篇》、《理想國篇·第一卷》及《呂希斯篇》(The *Lysis*)[70]爲模仿的對象。西塞羅的哲學對話錄或許不如柏拉圖的對話錄筆觸生動、深具戲劇性，但他大量引用經由他自己改寫或翻譯的柏拉圖原典，似乎證明西塞羅對柏拉圖的原典與思想非常地熟悉。

西塞羅如此推崇及模仿柏拉圖的思想，是否意謂將柏拉圖視爲思想上的權威與圭臬(auctoritas)？如果答案肯定，那麼他的懷疑主義身分及立場便有待商榷。讓我們將注意力轉移到《論占卜》第二卷第四章，西塞羅論述：一行爲在道德上的好或壞不應由占卜來決定，而應由哲學家決定，關於辯證及物理的問題應由邏輯家與自然學家來決定，而非由占卜師決定，立法治國當然也應由立法者及政治家決定。因此，占卜術在這些事物上似乎並無角色扮演，但要如何「決定」？西塞羅在《論占卜》的結尾說：

> 此外，「學院」的特色是不提出任何它自己的判斷，
> 認可那些看起來最可能是真理的事物(simillima
> veri)，並比較原因，而且盡量顯現出所言之事的任何

---

68 其中他引用了克法婁斯(Cephalus)與蘇格拉底的對話。

69 《論友誼》第一章第3節中有言，爲了避免對話錄中重複太多的「我說」、「他說」，要讓對話者看起來像是自行對談。這幾乎是柏拉圖後期對話錄《塞鄂提特斯篇》(The *Theaetetus*)143c的翻版。

70 《呂希斯篇》主要討論友誼，但未有任何定論(aporia)。

涵意，不使用它自身的權威，保留聽者判斷的完全自
由。我們擁有這傳承自蘇格拉底的傳統……。(II, lxxii,
150)

這段引文清楚呈現，西塞羅認為並無所謂絕對真理存在，只有
最接近真理的存在(aliquid probabile esse et quasi veri simile)[71]，
凡事都應正反兩面探討，但最終不必然有定論[72]。因此，西塞
羅的態度是，對任何事物或看法下判斷並無真假的問題，只有
或然性的問題(probabilitas)。換言之，之所以採取某一觀點或立
場，皆因它的當下或然性高，而非它是真理[73]。

　　但不強調真理的懷疑主義的哲學思想，是否會導致西塞羅
在道德上成為一虛無主義？其實不然，因為西塞羅對倫理道德
的看法相當明確而堅定，在他幾部關於倫理學的著作中，可清
晰讀到他強調德性的重要，所以，就西塞羅是個人而言(Cicero
qua persona)，他乃不折不扣的德性倫理學家；但就是位「學院」
的哲學家而言(qua Academia)，西塞羅在方法論及知識論上卻身
為懷疑主義者[74]。有趣的是，這兩種看似衝突矛盾的身分及立
場，西塞羅竟能兼容並蓄。何以如此？原因或許要從西塞羅如
何看待哲學來尋找。

71　*Acad.* I, xii, 46.
72　*Acad.* II, x, 32; *De Na. D.* I, v, 11-12, 'multa esse probabilia'.
73　關於懷疑主義發展的簡史，參見M. Frede: 1998, 140-151.
74　J. Powell: 2002, 22。西塞羅在《論義務》中自述不是個在思想上漫無
　　目的的遊蕩之人(II, ii, 7)。

身爲羅馬政治家，西塞羅對希臘哲學的熱愛，一直都有著它如何能適用於羅馬人的生活經驗的實用性想法；換言之，他希望能藉由將古希臘思想傳遞給羅馬人[75]，以對他們形成文化與道德的啓蒙。所以他並不希望以教條或學派的方式將希臘哲學引薦給羅馬人，而是以不帶立場的方式來對待希臘各個思想家或學派的思想。他的或然性觀點，使他在檢視各家各派時，無意去摧毀他們的思想，而是從中找出適切可行的想法[76]。因此，在他的哲學著作中時常會出現既引用某學派思想，也適度加以批判的情況[77]，西塞羅對此態度上的轉折似乎從不以爲意。例如《論友誼》中他贊同斯多葛學派強調德性的重要性，但卻不願只將她侷限於智者中的討論（第五章第19節），並且認爲追求德性不應導致去情緒化（apathē）的結果（第十三章第48節），因爲欲求、期待也是必要的（第十六章第59節）。此外，他也不介意將各家各派思想並陳，即使其中有本質上的差異，如亞里斯多德的德性觀包含適度的情緒表達，而斯多葛學派卻是去情緒化的德性觀，然而西塞羅對此態度開放，不予評斷，只要能幫助他說明友誼的基礎是建立在德性上，無論亞里斯多德與斯多葛學派對德性的看法確有不同之處，西塞羅都可接受[78]。他並非對這兩派思想上的歧異完全無知，而是認爲他們的說法就自身而

75　'apographa sunt, minore labore fiunt; verba tantum adfero, quibus abundo.' *Ad Att.* XII, 52, 3.

76　西塞羅的懷疑主義是積極正面的，非消極負面。

77　'in utramque partem multa disseruntur' *Acad.* I, xii, 46.

78　E. Rawson: 2001, 236.

言都是veri simile。

關於西塞羅是否將柏拉圖視為思想的正統與典範問題，至此答案應可清晰明瞭：西塞羅認可柏拉圖思想在希臘哲學中所具有的重要性，但這並不表示西塞羅將其視為思想權威。他說：

> 因此，讓我使用這在我們的哲學思想中〔懷疑主義〕所允許的自由，不要對論述自身下判斷，而是掌握它的每一個細節，所以他人可藉這個論述的所有優點來評斷它，而不依附在權威之上。（*Tus. Dis.* V, xxix, 83）

西塞羅對柏拉圖思想的高度興趣，不在於柏拉圖的權威性，而在於柏拉圖以對話錄的形式表達哲學思想，在這對話的形式中，西塞羅看到哲學與修辭學結合的可能[79]，他相信若柏拉圖想成為一公共演說者，一定會非常出色[80]。優秀的哲學家必然是優秀的演說家，反之亦然。不過，這句話對西塞羅而言或許成立，對柏拉圖而言卻不必然，因為後者在對話錄中，如《高爾齊亞斯篇》（*The Gorgias*）及《費德若斯篇》（*The Phaedrus*），對修辭學只講究形式與說服他人，而不著重於真理的追求，給予嚴厲的批判。然而，這之於主張或然性的西塞羅，卻完全不成問題，因為他認為哲學與修辭學之間的不同不在於前者的目的是真理，後者是鼓起如簧之舌煽惑巧騙他人；而在於哲學提

---

79 A. A. Long: 2001, 50-52.
80 柏拉圖的滔滔雄辯，口若懸河，無人能出其右，'Num eloquentia Platonem superare possimus?' *Tus. Dis.* I, xi, 24; *De Off.* I, 4.

供給演講者豐富的素材，使他在演講時能引經據典，言之成理。不同柏拉圖的哲學家有著對超越性存有、理型的直觀能力，西塞羅的哲學家永遠都是哲學兼演說家（philosopher-cum-orator）。

　　總之，西塞羅翻譯、轉述及引用柏拉圖的思想，並非唯柏拉圖是瞻，也不是爲了忠實完整地呈現其思想，反而是爲了符合及滿足自己的需求[81]，亦即，將希臘思想文化傳遞給羅馬人，以收教化人心之效，並提供演講修辭學家豐富的觀點與辭藻。

三、亞里斯多德

　　西塞羅對柏拉圖的文本有直接的涉略，應是無庸置疑。但《論友誼》或其他著作中，西塞羅也大量引用亞里斯多德及逍遙學派，如塞歐弗拉斯圖斯的思想，是否表示他對這幾位哲學家的文本也曾直接參閱？要回答這個問題，須先理解亞里斯多德的著作如何傳承至羅馬。從西塞羅的作品中可見柏拉圖的文本似乎被相當完整地保存，並在當時的知識分子圈廣爲流傳，但相同的際遇並未發生在亞里斯多德及他的學院（Lyceum）繼承人身上。

　　亞里斯多德於西元前322年去世，根據史特拉寶（Strabo）的記載，塞歐弗拉斯圖斯承繼了亞里斯多德的私人圖書館，塞歐弗拉斯圖斯爾後傳給內列烏斯（Neleus），他將所有的藏書帶至史克博希斯（Scepsis），並幾經轉手傳給幾位非哲學家，這些圖書

81　De Graff: 1940, 148。關於西塞羅不追求個人思想的原創性，參見E. Rawson: ibid, 234; *De Off*. I, 2.

擁有人為了避免書被阿塔立德(Attalid)的國王搜刮據為己有,遂將書藏於潮濕的地道中,隨後這些受潮破損的書被轉賣給特歐斯的阿培利空(Appellicon of Teos),身為一愛書人,他轉抄這些受損的手稿,卻因手稿受損嚴重而無法完全重現原貌,因此當他出版這些著作時,書中是錯誤百出,之後的逍遙學派的哲學家只能藉這些失真的文字,大略了解前人的思想[82]。普路塔荷告訴我們,當蘇拉攻下雅典,他占據阿培利空的圖書館,館藏中有著當時並不廣為人知(*oupō tote saphōs gnōrizomena tois pollois*)的亞里斯多德及塞歐弗拉斯圖斯的著作,蘇拉將所有館藏運回羅馬,並由當時的文法學家提拉尼歐(Tyrannio)負責編排收錄,而羅德島的安卓尼庫斯(Andronicus of Rhodes)由此圖書館獲得亞里斯多德的著作,將其轉抄出版並作成目錄流傳[83]。

　　以上兩則文獻中可見,亞里斯多德與塞歐弗拉斯圖斯的著作是幾經波折,輾轉流傳於羅馬,但這足證西塞羅對兩位哲學家確有直接接觸嗎?尚無法定論。第一,蘇拉所擁有的亞里斯多德的著作乃出於阿培利空的轉抄本,我們不能排除阿培利空將那些受潮害的書都清理丟棄掉的可能,所以留下的也許是闕誤的版本。第二,蘇拉於西元前86年攻陷雅典外港,隨而進駐雅典,並沒有任何證據顯示,蘇拉何時將阿培利空的藏書轉運至羅馬。第三,史特拉寶與普路塔荷所提到的提拉尼歐,歷史上大約在西元前72年後才出現關於他的記載,易言之,如果蘇

82　*Geography*, XIII, i, 54.

83　*Plut. Sul.* XXVI.

拉在攻陷雅典當年就將圖書運回羅馬，也要將近十四年後才有提拉尼歐為這些書作整理建檔的工作。所以我們至少可推斷在西元前72年之前，羅馬見不到亞里斯多德與塞歐弗拉斯圖斯的著作。西塞羅對亞里斯多德的理解，有可能是來自這些錯誤連篇的轉抄本嗎？應該不可能。因為在西元前55年4月22日寫給阿提庫斯的信中，西塞羅提及他在蘇拉之子法斯圖斯(Faustus)的圖書館看到亞里斯多德的人頭雕像，卻無一語談論亞里斯多德的著作 [84]。第四，安卓尼庫斯所編的亞里斯多德全集，是否可能成為西塞羅吸收亞里斯多德的思想的來源？儘管西塞羅從未在著作或書信中提到安卓尼庫斯，但他或許知道及使用過安卓尼庫斯的亞里斯多德全集？J. Barnes教授主張，西塞羅對亞里斯多德的知識並不依賴安卓尼庫斯，因為，西塞羅涉及的亞里斯多德相關著作，皆早於安卓尼庫斯的版本 [85]。

　　一如他對柏拉圖的揄揚，西塞羅也不吝於給予亞里斯多德讚賞，如「智性飽滿」(abundantia ingenii, *Acad.* I, iv, 18)，「在哲學中幾近出眾」(*Acad.* II, xliii, 132)，「除柏拉圖外，遠勝於所有人」(longe omnibus praestans, *Tus. Dis.* I, x, 22)，及「具有卓越及幾近神聖的智性」(singulari vir ingenio et paene divino, *De Div.* I, xxv, 53) [86]。這些溢美之詞除了透露出西塞羅對亞里斯多德的崇敬，並不能證明他對亞里斯多德的著作有直接的接觸，也無法使我們確定到底他讀過哪些作品。根據當代學者的研

84　*Ad Att.* IV, 84, 1. E. Rawson: 2001, 235 有不同的意見。
85　J. Barnes: 1997, 46.
86　*Plut. Cic.* XXIV.

究，西塞羅在《論目的》第三卷第二章第7節談到關於亞里斯多
德的筆記（commentarii）[87]，並非亞里斯多德公開發表的著作（the
exoteric works），而是未曾發表過的作品（the esoteric works）。在
《在圖斯庫倫的論辯》中，西塞羅說亞里斯多德是第一位教授
講演術的哲學家，但隨後的談話中指出他是從「新學院」菲隆
的課程得知，因此可推斷西塞羅並未親自閱讀過亞里斯多德的
《修辭學》（Rhetoric），而是藉菲隆或那些未發表過的筆記間接
了解《修辭學》[88]。此外，西塞羅在《論題》（Topica）曾要求特
雷巴提烏斯（Trebatius）談亞里斯多德的《論題》（Topica），但特
雷巴提烏斯卻希望西塞羅能將其譯為拉丁文，以方便閱談（I,
i）。當代學者對西塞羅是否親自接觸過亞里斯多德的《論題》，
大致認為沒有[89]，但態度不盡相同。A. A. Long教授認為不能完
全排除可能性，但他相信西塞羅擁有《論題》的知識應該還是
從與逍遙學派，及希臘化時期修辭學家的接觸得來[90]。J. Barnes
教授則立場強硬，堅稱西塞羅絕不可能讀過《論題》，理由是：
第一，西塞羅在自己的《論題》中描述與特雷巴提烏斯的故事
不足採信；第二，兩本《論題》內容迥異；第三，西塞羅對亞
里斯多德《論題》的讚美，並不符合亞里斯多德在該書中平鋪
直述的語言[91]。

87　這應該是與我們現有的亞里斯多德的著作相近。

88　J. Barnes: ibid. 50-54; A. A. Long: ibid. 52-55; J. Powell: ibid. 18.

89　E. Rawson:1985, 290是個例外。

90　A. A. Long: ibid. 55.

91　J. Barnes: ibid. 56.

因此，西塞羅儘管熟稔亞里斯多德修辭學和邏輯的思想，卻沒有對這些著作的第一手閱讀經驗。不過，根據J. Barnes教授的剖析，西塞羅應該知道或談論過亞里斯多德的倫理學著作[92]，因為《論目的》裡他論及塞歐弗拉斯圖斯主張幸福生活的追求需要運氣的幫助之後，旋即提到亞里多斯德寫了幾本關於性格的書(V, v, 12)。J. Barnes教授強調，在狄歐金尼斯(Diogenes Laertius)的記載中，亞里斯多德的倫理學似已成形，安卓尼庫斯編排亞里斯多德全集之前，《尤狄穆斯倫理學》(*Eudemian Ethics*)、《大倫理學》(*Magna Moralia*)，及《尼科馬哥倫理學》(*Nicomachean Ethics*)在某種程度上皆已成書，西塞羅應知道或看過第一及第三本倫理學著作。

以上對西塞羅是否親身閱讀柏拉圖及亞里斯多德著作的簡述，除了藉此理解西塞羅思想的部分源頭外，也可以幫助我們解決在一百多年前兩位《論友誼》的注釋者，對西塞羅撰寫《論友誼》時是否正在閱讀柏拉圖對話錄及亞里斯多德倫理學的不同看法。一位是C. Price教授，在其《論友誼》注釋本的導論中指出：

> 我們無法確定，西塞羅在撰寫《論友誼》時已讀過柏拉圖〔的著作〕，雖然他在《論老年》中以長的篇幅轉述柏拉圖〔的思想〕。然而，西塞羅確實表現出幾個符合柏拉圖觀點的看法：例如，在第三章中他緊緊跟隨

92　Ibid. 57-59.

著《塞鄂提特斯篇》的導論。我們也無法確定，西塞
羅閱讀或使用亞里斯多德的著作與他撰寫這本書的關
係，……93。

另一位是James S. Reid教授，他則認為：

> 在那本著作《尼科馬哥倫理學》與部分的《論友誼》
> 間的幾個相似處，可以亞里斯多德的許多倫理學主張
> 已成常識來說明。西塞羅知道柏拉圖的《呂希斯篇》
> 也極為可能，……94。

依據之前的論述，似乎是Reid教授的主張較符合當代西塞羅
專家的看法，而且也可獲得羅馬作家奧魯斯‧傑利烏斯(Aulus
Gellius)的作品支持，他在《阿提卡之夜》(*Noctes Atticae*)中說：

> Eum librum M.Cicero videtur legisse , cum ipse quoque
> librum de amicitia componeret.(I, 3, 10)
> 西塞羅似乎看過那本書，當他也在撰寫關於友誼的書。

「那本書」是哪本書，傑利烏斯指的正是亞里斯多德的《尼
科馬哥倫理學》。

---

93 C. Price: 1902, 18.
94 J. S. Reid: 1879, 11-12.

四、斯多葛學派（Stoici）

　　早期斯多葛學派由西提恩的芝諾（Zeno of Citium）於西元前313年在雅典成立，學派發展的過程中，歷經克雷安塞斯（Cleanthes, 331-232 BC）、克呂希普斯（Chrysippus, 280-207 BC）等著名的主事者，儘管個別的斯多葛學派的哲學家對某些觀念的見解不必然一致，但依然能夠爲這個學派描繪出整體思想的輪廓。斯多葛學派將哲學區分爲三個部分：邏輯、物理學（自然哲學）及倫理學。邏輯部分包含對命題的探討、修辭文法及知識理論，就一個以經驗物質主義爲基礎的學派，不同於懷疑主義不爲任何知識背書，他們認爲「表象」（appearances）提供了知識的基礎；但也不同於伊比鳩魯學派凡表象皆爲真，斯多葛學派認爲知識爲真除了此物質主義的解釋外，尚須有一心理學上的元素，亦即，我們要對所感知到的表象做一心理上的「同意」（*katalēpsis*, consent）[95] 的動作，如此知識才可爲真。

　　斯多葛學派的自然哲學以純粹物質主義的觀點來理解世界，我們乃是身處在一有機的世界（an organic world），受到先蘇哲學家赫拉克利圖斯（Heraclitus）的影響，斯多葛學派主張世界的基礎元素是火 [96]，而之後的克呂希普斯或許因爲當時醫學知識的發展，他認爲是氣（ *pneuma*）。在這世界中發生的每件事皆非偶然，所有事件發生可藉一因果連續性（*heimarmenē*）來解釋，

95　*Acad.* I, i, 40-1; SVF I, 55, 61.
96　*SVF* I, 102及120.

換言之，這個世界的運轉具有目的性，由理性或神來統轄[97]。因此，對斯多葛學派而言，這個世界不是一堆物質的組合，而建立在一理性的基礎上，即「世界魂」[98]，不僅世界由理性指導，人與世界同質，也是由理性指導其生命。

倫理學部分，斯多葛學派主張德性足以使我們獲得幸福，並認為人性是理性，生命中一切的作為應符合理性。芝諾將這世上的存有區分為三類：善、惡及無關善惡之事(*adiaphora*)[99]，理性為主導的生命只應追求能幫助我們獲得幸福的事，此既非惡事也非無關善惡之事，而是善，即德性。只有德性的生活才能使人擁有寧靜和諧[100]而臻幸福之境。早期斯多葛學派的思想家大抵堅守此一倫理信念，不過必須強調的是，他們認為德性與幸福並不開放給每一個人，只有智者能擁有。

斯多葛學派發展至西元前兩世紀，由來自羅德島的帕奈提烏斯(Panaetius, 185-110 BC)主事。由於此時早期斯多葛學派被批評為過於理想化，難以適用在人的生活經驗，帕奈提烏斯於是在許多方面進行修正，例如宇宙論，他放棄前輩所言世界的基礎元素是永恆不滅的火；人學部分，他主張人性的本質不只理性，還有欲求，而且靈魂非不滅，乃是會朽的；至於倫理學，帕奈提烏斯特別強調實踐，他所關注的倫理議題是德性與行為間的關係，以及何種行為會產生何種結果。帕奈提烏斯對德性

97　*SVF* I, 102及II, 1027.

98　*SVF* II, 66.

99　*SVF* III, 16, 11.

100 *SVF* III, 630, 7-9.

的研究不再只鎖定智者，而將之擴展到每一個人，提供出一倫理架構，即「四個角色」理論[101]：人具有四種角色，第一是來自人共有的理性的自我掌控能力；第二角色屬於每個人的特殊性格；第三種角色是社會賦予的；第四種角色則由於個人的選擇。帕奈提烏斯認爲每個人都可依自己個別的情況來選擇適合自己的角色（persona），當我們在做選擇時，除了執行第四種角色外，也須同時考慮其他三種角色，如此才能選擇最適合自己的角色。而從此角色選擇中，自然伴隨著某些應履行的義務，符合義務所要求的行爲即爲德性。

帕奈提烏斯的倫理學思想對當時羅馬貴族有相當深刻的影響[102]，如史奇皮歐與其友人（the Scipio's Circle）便是帕奈提烏斯思想的追隨者[103]。帕奈提烏斯最著名的學生是波希東尼烏斯，這對師徒對西塞羅產生間接與直接的啓發。

西塞羅對斯多葛學派的理解，除了因自身所受的教育及與史奇皮歐等人交往外，在西元前79至77年間，他因當時的獨裁者蘇拉之故，離開羅馬至雅典，期間他曾從學波希東尼烏斯於羅德島上的學校[104]。波希東尼烏斯的倫理學思想，不同於克呂希普斯強調去情緒化對德性生命的重要，主張人的情緒是感受快樂的心靈能力，不應將其視爲惡，而是中性或無關善惡[105]。

101 *De Off.* I, 107-121.
102 但A. E. Astin: 2005, 297-298，強調帕奈提烏斯對羅馬貴族的影響，尤其是史奇皮歐，不可被誇大。
103 參見導論，人物篇賴立烏斯。
104 *De Na. D.* I, iii, 6-7; *Plut. Cic.* IV, 5.
105 *EK* 35.

因此，強調情緒並將之視爲中性並未使波希東尼烏斯背離了斯
多葛學派倫理思想的基調：德性是這世上唯一的善。此外，波
希東尼烏斯認爲倫理學與歷史有密切關係[106]，所以除了倫理學
著作外，他也撰寫歷史著作。他認爲歷史事件對社會行爲的描
述，提供給倫理學好的研究分析素材，而且探討歷史事件發生的
原因，不可不知事件中人物的道德性格爲何，人的性格與事件之
間有一因果聯繫性。如他描寫塞爾蒂克族(Celtic tribe)掠奪白銀
的習性，並非出於銀是貴重金屬，而是出於人性的貪婪[107]。

　　斯多葛學派的倫理學，尤其波希東尼烏斯的思想，似乎對
西塞羅產生相當程度的作用。西塞羅在《論友誼》中對去情緒
化的觀點有所抱怨，強調情緒在友誼中的重要性，同情憐憫本
應是人性(humanitas)中的一環(第十三章第48節)，不無波希東
尼烏斯的色彩。此外，西塞羅在第五章第18節陳述，對友誼的
探討應落實在日常生活之中，如此才有實用性。這部分除了來
自亞里斯多德的觀點，波希東尼烏斯彰顯歷史經驗與人的性格
之間關係的作法，也使得西塞羅在論述友誼時，不斷回到歷史
事件與人物中檢討友誼的特質及其對生命實質的影響。

五、伊比鳩魯學派(Epicureanism)及西塞羅的批判

　　西元前一世紀的伊比鳩魯學派哲學家菲婁德穆斯
(Philodemus，約110-30s BC)提出四種藥方(*tetrapharmakos*)解決

---

106 I. G. Kidd: 1989, 38-50.
107 *EK* 240a-b, *esp.* 204a, 40-45.

人生的問題:「神不可懼,死不足憂,但善是可得的,而惡可以忍受。」[108] 這簡單的四句話提綱挈領地勾勒出伊比鳩魯學派的精神,前兩句關係到伊比鳩魯學派的宇宙論,後兩句則是倫理學,以下分述之。

與斯多葛學派立場一致,伊比鳩魯學派的宇宙論也是建立一物質主義的基礎,但並不認為斯多葛學派提出的氣或火的概念可行,他們主張萬物的生成不能從無到有,也不受某一個神聖意志的指揮[109],而是來自於組成萬事萬物的最小元素——原子(*atomoi*, primordia)[110] 的聚合,萬事萬物的毀滅是因為組成它們的原子分離。因此,伊比鳩魯學派承襲了先蘇哲學家德謨克利圖斯(Democritus,約460-370 BC)的原子論思想,對宣稱地水火風為宇宙的基礎元素(*stoicheia*)的思想不以為然[111],因為這些元素並非組成宇宙的最小部分,都可再被分解直到出現不可再被分割的原子。「聚合分離」的觀念指出了原子的持續運動性(*kinoūntai sunechōs*),為了讓原子的運動不受阻礙,伊比鳩魯學派提出第二個重要的宇宙論觀點:空間(*kenos*)[112]。陸克瑞提烏斯(Lucretius)在他詩中論及,這兩件事物,原子與空間,組成

---

108 'aphobos ho theos, an〔u〕popton ho thanatos, kai tagathon men euktēt〔on〕, to de deinon euekka〔r〕tereton.' *Against the Sophists* 4, 9-14; TEP 77.
109 *Lucr.* I, 149-150.
110 《給希羅多德的信》(*Letter to Herodotus*),TEP 14; *Lucr*. I, 503-598。
111 *Lucr.* I, 746-752.
112 《給希羅多德的信》,TEP 15; *Lucr.* I, 329-335.

了空間的整體[113]。

這個原子論的宇宙觀，不僅適用在物質事物上，也適用在一般被認為是非物質的靈魂上。靈魂，對伊比鳩魯學派而言也是物質，在《給希羅多德的信》伊比鳩魯告訴希羅多德，靈魂是一精微的物體(*sōma leptomeres*)擴散在身體各個部分，它與風相似，但結構比風更精密，而且有某種熱度，如此的特質使得靈魂可與身體的其他部分產生共感(*sumpathēs*)。因為有靈魂，身體得以有感覺；因為有靈魂，思想得以產生。反之，失去靈魂代表感覺官能與思維能力的消逝，即所謂死亡。伊比鳩魯接續說，將靈魂視為非物質性存有是愚蠢的說法(*hoi legontes asōmaton einai tēn psuchēn mataiizousin*)[114]。

如果身體與靈魂皆由原子構成，死亡所代表的意義就是構成身體與靈魂的原子分散，所謂的靈魂不滅、死後世界、來生等問題均不存在，如此對死亡所帶來莫名恐懼可因之消除[115]。此外，由無限多的原子構成的宇宙不只一個，而有無限多個[116]，這無限多個機械論式的宇宙不具有任何目的性，直言之，伊比鳩魯學派並不認為宇宙的存在是為了人的生存，或神創造一完

113 *Lucr.* I, 418-420.
114 *TEP* 22-23；陸克瑞提烏斯主張身體與靈魂具有'unam naturam'（相同的本質），*Lucr.* III, 136-176.
115 《給梅諾克烏斯的信》(*Letter to Menoeceus*)，*TEP* 43-44；《主要學說》(*Principal Doctrines*)19-21，*TEP* 7-8。
116 《給皮索克利斯的信》(*Letter to Pythocles*)，*TEP* 320；《給希羅多德的信》，*TEP* 15-16。

美的宇宙乃因人之故[117]。宇宙萬事萬物的存在原因，不是建立在目的論或造物主的神話中[118]，而是來自原子聚合的運動上。然而，這並不表示伊比鳩魯反對宗教，事實上他們承認神祇的存在，只是祂們的存在與人的生命及宇宙生成變化毫無關係[119]。

　　總之，伊比鳩魯學派所提出的原子論宇宙觀，是為了消弭人因對自然或宇宙無知而恐懼神祇或死亡的這種情緒，陸克瑞提烏斯提醒世人，免除心靈恐懼的不二法門是理解自然之道[120]。

　　以宇宙論為基礎，伊比鳩魯學派的知識論也以物質主義為核心，知識的基礎是感官經驗，所有感官經驗的發生都確立、外在於我們有實際存在的客體。因此，伊比鳩魯的知識論是一實在論(realism)的思想[121]。感官經驗如何發生？伊比鳩魯學派依其原子論的立場解釋：就視覺而論，每一個外在客體皆會持續不斷地向外散發一種精微的薄膜(*homoioschēmones*)，這些薄膜被稱之為影像(*eidōla*或simulacra)，當它們與構成我們眼睛的原子撞擊時，感官經驗瞬間發生，我們於是看到外在的客體[122]。這種因原子的運動造成原子與原子間的撞擊，進而產生感官經驗的說法，也適用在其他感覺官能上。

---

117 *Lucr.* V, 156-234.

118 陸克瑞提烏斯對梅米烏斯說，對這類目的論的說法多做贅言，實屬愚昧(cetera de genere hoc adfingere et addere, Memmi, desiperest)。

119 *Lucr.* V, 1161-1235；*Letter to Men. TEP* 42-43; *Letter to Herod. TEP* 26-27.

120 *Lucr.* I, 146-149；*Letter to Pyth. TEP* 31.

121 感謝牛津大學萬靈學院(All Souls College)E. Hussey教授提醒我注意這個觀點。

122 *Letter to Herod. TEP* 16-18; Lucr. IV, 22-44, 54-109, 110-243.

ÔÇ

　　不同於斯多葛學派主張知識的形成需建立在對感覺印象表示同意(*sugkatatithesthai*或adsentiri)的動作上，伊比鳩魯學派強調感官經驗本身足以構成知識的標準，易言之，感官經驗皆為真 [123]。錯誤或假的發生，並不是感官經驗造成的，而是理性做了不正確的判斷 [124]。將知識的標準完全訴諸於感官經驗，除了淺顯易懂 [125]，能吸引一般人的認同外，也否定了懷疑主義的知識不可獲致的說法。

　　伊比鳩魯學派的理論在羅馬共和時期及帝國前期之所以受到許多貴族紳士的青睞 [126]，一則單純易解，二則其倫理學中的享樂主義，十分有吸引力，尤其是對長期向外征伐、擴張領土、身處於軍隊派系互相傾軋戰亂中的羅馬人而言，享樂或及時行樂的鼓勵簡直正中下懷。可惜他們誤解了伊比鳩魯，在寫給梅諾克烏斯的信裡，伊比鳩魯提及，欲望可分兩種：一種是自然的，另一是虛空的(*hōs epithumiōn hai men eisi phusikai, hai de kenai*)，其中的自然欲望又可再分為兩種，一種是必要的(*anagkaiai*)，另一種是自然的(*phusikai monos*)。而必要的自然欲望區分為三類，第一類是追求幸福的必要欲望；第二類是能

---

123 *PD* 24, *TEP* 8.

124 *Letter to Herod. TEP* 17；*Lucr.* IV, 379-386。對伊比鳩魯學派的哲學家而言，同一支筷子在空氣中是直的，在裝水的玻璃杯中是彎的，以這兩種現象描述這支筷子皆真，因為感官經驗是如此呈現於我們眼前。然而，若因此說筷子是彎的是受現象的欺騙、一種理性判斷的錯誤。

125 *Acad.* I, ii, 5；*Tus. Dis.* IV, iii, 6-7.

126 H. M. Howe: 1951, 60.

讓身體免除焦慮(*aochlēsian*)的欲望；第三類是為生活自身的欲望。幸福生活之所以能夠實現，在於心靈與身體的免除痛苦與避免焦慮(*ataraksia*)，因此，追求快樂遂成為我們生活的指導原則。但這種追求快樂的生命型態，並不表示我們可以耽溺酒池肉林，縱情聲色犬馬。伊比鳩魯告誡梅諾克烏斯及我們，快樂不是放浪形骸，而是指心靈與身體的免除痛苦(*mēte tarattesthai*)。並非所有的欲望和快樂都能幫助我們免於身心的痛苦與焦慮，只有那些經過慎思(*phronēsis*)之後所選擇的欲望與追求的快樂，才能讓我們有一平靜愉悅的生活。也就是說，只有依德而行的生活，才有可能是快樂的生活(*ouk estin hēdeōs zēn aneu tou phronimōs kai kalōs kai dikaiōs*)[127]。

西塞羅對此享樂主義的思想想必不陌生[128]，至於伊比鳩魯學派廣受羅馬人歡迎的風氣，西塞羅也在著作中指出了其他原因，在當時並無任何拉丁文著作論及希臘哲學思想[129]，而伊比鳩魯學派的哲學家阿瑪菲尼烏斯(Amafinius)出版幾冊關於伊比鳩魯學派思想的書，在羅馬於是掀起一股熱潮；此外，西塞羅在寫給其弟昆圖斯的信中也提過，陸克瑞提烏斯的詩充滿天賦

---

127 *TEP* 42-46; *PD* 3-4, 8-10 ff.；《梵蒂岡格言》(*Vatican Sayings*)17, 21, 25 ff.；*Lucr*. II, 1-61.

128 《論老年》中西塞羅藉老卡投之口談論伊比鳩魯學派的享樂主義：'…, audisset… esse quondam Athenis, qui se sapientem profiteretur, eumque dicere omnia, quae faceremus, ad voluptatem esse referenda.'(XIII, 43)。

129 'Philosophia iacuit usque ad hanc aetatem nec ullum habuit lumen litterarum Latinarum…' *Tus. Dis*. I, iii, 6.

的筆觸與諸多的技巧[130]。然而這並不意謂西塞羅贊同伊比鳩魯學派，他在《學院思想》中透過瓦羅表達：

> 我們不能像阿瑪菲尼烏斯及拉比里烏斯(Rabirius)一樣，不使用任何方法，他們以通俗的語言討論置於眼前的問題，不下定義，不作分類，未經適切的交叉檢證而下結論，最後他們認為沒有任何科學是必須教授與討論的[131]。(I, ii, 4)

一個思想體系完全缺乏邏輯論述的方法，可謂極為嚴厲的指控，易言之，阿瑪菲尼烏斯的著作通篇皆為荒唐之言。

從《論老年》、《論友誼》及其他哲學著作中，可看出西塞羅對伊比鳩魯學派主張的享樂主義嗤之以鼻，如在《論老年》中他讓老卡投(Cato Maior)說：「〔肉體的〕快樂阻礙思慮，不利於理性論述，⋯⋯它令人目眩，無法與德性有任何溝通。」[132]

---

130 《給昆圖斯的信》(*Ad Quintum*)14, 3。這封信寫於西元前54年2月，Fowler教授因此推斷陸克瑞提烏斯的《論萬物的本質》(*De Natura Rerum*)應在55-54 BC之間問世，參見D. P. Fowler: 1989, 121。至於阿瑪菲尼烏斯與陸克瑞提烏斯之間的關係，參見H. M. Howe: ibid. 57-62.

131 '…non posse nos Amafini aut Rabiri similes esse, qui nulla arte adhibita de rebus ante oculos positis vulgari sermone disputant, nihil definiunt, nihil partiuntur, nihil apta interrogatione concludunt, nullam denigue artem esse nec dicendi nec disserendi putant.'

132 'Impedit enim consilium voluptas, rationi inimical est, mentis, ut ita dicam, praestringit oculos nec habet ullum cum virtute commercium.'

（XII, 42）快樂的追求無助於德性的養成與維護，西塞羅重視德性，討論友誼時也一再強調不以德性為基礎，友誼無法長久（difficile est amicitiam manere, si a virtute defeceris, XI, 37-38）。

在個人生命的方面，追求快樂會危害德性，在公共或政治事務方面，西塞羅對伊比鳩魯學派的思想也有所不滿，因為伊比鳩魯學派原子論的主張，使他們視每一個個人為一自由獨立的個體[133]，社會的形成是建立在人與人之間的契約行為上[134]。因此，社會生活所要求的正義、友誼……等德性皆出於她們所帶來的效益性（ōpheleia或utilitas），正義的出現是為了防止傷害，友誼的發生是為了互相幫助[135]，儘管伊比鳩魯不斷地強調社會關係中友誼的重要性[136]，但效益的概念似乎讓友誼變成暫時性的產物，只要兩造雙方沒有需求，友誼便不存在，西塞羅在《論友誼》直陳這種友誼觀是個人的捏造與杜撰（qui utititatis causa fingunt amicitias，第十四章第51節）。更關鍵的是，西塞羅認為伊比鳩魯學派過於強調個人快樂的追求滿足，會損害政治與國家，因為遠離眾人之事是個人生活不受干擾的重要元素之一[137]。西塞羅堅持哲學思想必須具有關懷眾人、教化人心的意

---

133 '…sponte sua sibi quisque valere et vivere doctus' *Lucr.* V, 925-938, 953-961.

134 'nec tamen omnimodis poterat concordia gigni, sed bona magnaque pars servabat foedera caste;…'*Lucr.* V, 1011-1027；*PD* 31-34, *TEP* 9-10.

135 *VS* XXIII, *TEP* 48及XXXIX, *TEP* 50。

136 *PD* 27-28, *TEP* 8-9; *VS* LII, LXXVIII, *TEP* 51-53.

137 PD 14, *TEP* 7;《斷簡殘篇》(*Fragmenta*)85, 87, *TEP* 63-64；*Lucr.* VI, 1-28。至於陸克瑞提烏斯在《論萬物本質》中，是否與伊比鳩魯同樣主張人們應遠離政治，才能獲致寧靜的生活，參見D. P. Fowler: 1989, 120-148.

義[138]，而不是驅使人們遠離漠視公共事務，他在《論友誼》中
道：

> 因為德性不是無情，也不是自私，更不是自大，她習
> 慣於保護一般大眾，而且給他們最好的建議；如果德
> 性從一般大眾的相互關愛中退縮，她確定無法為他們
> 服務。（第十四章第50節）

關懷他人、心繫社會國家是任何一位有德之人都應有的情操，
絕不可以利用任何藉口逃避[139]。

此外，西塞羅也擔心，若公職人員信奉伊比鳩魯學派的享
樂主義，會對政府的施政產生衝擊，《論目的》提到：「因為
現在你想要提供何種服務，當你進入公職，晉身議會，你告訴
自己在公職中所做的一切都是為了快樂的緣故？（II, 74）」[140]當
政府的施政立法皆以快樂或享樂為最高的指導原則時，國何以
成國？西塞羅憂心這種思想會癱瘓政治運作，敗壞風紀。

總之，西塞羅不僅認為伊比鳩魯學派的思想禁不起邏輯檢
證，而且所提出的倫理學及政治哲學思想，對人的公私生活毫
無助益，尤其是他們對友誼及其他德性的意見更不見容於西塞
羅。

---

138 *Tus. Dis.* I, iii, 6.
139 *De Re Pub.* I, 1-12; *De Fin.* I, 34-36.
140 *De Off.* III, 116-120.

叁、《論友誼》

一、論友誼

　　西洋古代文學與哲學的著作，不乏對友誼的著墨[141]，然而亞里斯多德或許是第一位對友誼提出系統性論述的哲學家[142]。在《尼科馬哥倫理學》第八、九卷中，亞里斯多德將*philia*(友誼或愛)這個觀念置於不同的人倫或人際關係裡來檢視與討論，除了完美與不完美的友誼外，亞里斯多德也論及父母子女間的親情(1161b17 ff.)。這似乎顯示出*philia*這個字，對亞里斯多德或一般希臘人而言，不只局限在友誼這個意涵，它泛指一切人際關係中的情感基礎。將*philia*僅詮釋為友誼應是出於對*philos*這個字的不恰當的理解，*philos*主格陽性單數形容詞，是指「親愛的」或「心愛的」，當它與某個人稱與格並陳時，形成「為某人所愛」(*philos tini*)的語句，於是便會出現愛(*philein*)與被愛(*philesthai*)的區別。*philos*、*philein*及*philesthai*在此意義下，絕非被限定在友誼這個概念上，而是運用在一般任何愛與被愛的關係上。因此，亞里斯多德在論*philia*時兼論父母子女的親情之

---

141 參見第四章第15節。
142 儘管柏拉圖在《呂希斯篇》中也是以友誼為對話的重點，但所關切的問題，與其說是「友誼是什麼？」不如說是「誰可成為朋友？」參見D. Sedley: 1989b, 107-108；柏拉圖對友誼的討論有其形上學的目的，即哲學家對理型的愛，參見R. G. Hoerber: 1959, 15-28. 因此，柏拉圖的友誼觀並不適合於此討論。

愛乃甚為合理。然而若在*philos*前加上冠詞*ho*形成*ho philos*，不同於*philos*，此一表述有明確的界定，即朋友關係[143]；亞里斯多德特別強調父母子女間的愛不必然有其相互性（reciprocatio），因為父母對子女的愛是不受子女是否愛父母所決定（*antiphileisthai d' ou Zētousin*, 1159a30），但朋友間的愛必須建立在相互性上。

相較之下拉丁文的amicitia在字義上便相當明確，它主要指朋友間的聯繫性，亦即友誼；P. A. Brunt教授強調amicitia通常是指朋友間以相同的嗜好品味、感受及行事原則為基礎，所形成的親密關係[144]。*Philia*在拉丁文或可以amor及caritas來表現，這兩字相對應的動詞分別是amare及diligere，但第五章第19節中，西塞羅似乎將amicitia的適用範圍擴大到一切人際關係，societas（人倫關係），cives（公民同胞），peregrini（外國人），propinqui（鄰居）及alieni（陌生人），可是西塞羅立即強調友誼（amicitia）不只是人與人之間距離的接近（propinquitas），而是相互間的善意（benevolentia），「善意移除之後友誼之名也蕩然無存，而相近之名依然存在」。因此，不同於*philia*, amicitia主要用以說明兩造雙方朋友的關係（amici）。

古羅馬人不純然從理論的角度來理解amicitia[145]，亦非純然從希臘友誼觀複製amicitia的內涵，他們對友誼的理解是出於對自己生命經驗的反省[146]，再利用希臘先哲的思想加以詮釋，因

---

143 D. Konstan: 1996, 75及78；D. Konstan: 1997, 55-56及68.
144 P. A. Brunt: 1965, 4；參見第九章第32節及第二十一章。
145 D. Earl: 1967, 20.
146 P. A. Brunt: ibid.；參見第十六章第53節。

此羅馬共和時期政治高於一切的影響下，羅馬人的友誼觀蘊含濃厚的政治意義 [147]，友誼的重要性便在於她所呈現的社會與政治意涵。儘管古羅馬人對倫理問題的思考或許出於對政治的關懷，但這並不表示他們對友誼的思考是「純粹」政治化，J. Powell教授特別強調政治生活對羅馬人，尤其是西塞羅，固然重要，但將友誼完全理解爲公共及政治生活的一環，漠視她在私人生活中所扮演的角色，是對古羅馬的友誼觀的誤解 [148]。例如本書中的許多章節，西塞羅都跳脫政治友誼的思考——這種友誼易隨政治情勢的起伏而有變化，因此是善變的——而強調友誼是種私人的關係，他告訴我們友誼因愛而獲其名（第八章第26節）；友誼建立在德性、愛與善意（第九章第32節）；友誼是愛、親切的關心與善意（第十四章第49-50節）；愛朋友就像愛自己一般，因爲朋友是另一個自己（第二十一章第79-80節）；朋友要相互珍重、互表愛意（第二十二章第82節）等。這些章節都充分顯示友誼對西塞羅而言，是朋友間私人情感的表達，以此爲基礎的友誼不會起伏不定，反覆無常，而是情誼長存 [149]。

　　如上所述，西塞羅認爲相互表達善意與愛意是友誼中重要的元素，這應是受亞里斯多德的影響，亞里斯多德說：*"kath' hekaston gar estin antiphilēsis ou lanthanousa, hoi de philountes*

---

147 J. Powell: 1995, 32-33；T. N. Habinek: 1990, 182；A. A. Long: 1992, 475; D. Earl: ibid. 17-20. M. Heath: 1987, 73-74在論述《安蒂貢内》（*Antigone*）中的友誼時，主張*philia*不是一種個人情感的表達，而是一種人與人之間義務的履行；D. Konstan: 1997, 82反對此說法。

148 J. Powell: 1995, 43-44.

149 P. A. Brunt: 1965, 16.

allēlous boulontai tagatha allēlois tautē hē philousin. ”(因為回報
他人之愛是不會被雙方給忽略，互相喜歡之人相互祝願對方
好，以此方式他們表現愛意)(*EN* VIII, 1156a8-11)這種愛的回饋
並不是一種情緒上真空的義務性行為(gratia或officium) [150]，回
報他人的愛必須有適切的情緒感受，並且會令人感到愉快，故
西塞羅說：「無物會比回報善意，及愛與親切的關心更令人覺
得愉悅。」(第十四章第49節)然而，西塞羅分別在本書的兩個
章節中，也提及友誼不一定要求愛或善意的相互性，而可以是
一種完全利他的行為(altruism)，第九章第31節：

> 因為我們之所以慈愛與大方，並不是我們能要求等量
> 的謝意，也不是我們將仁慈以附帶利息的方式借貸出
> 去，而是我們自然而然地趨向慷慨大方；因此我們認
> 為，尋訪友誼並非期待回饋的指引，而是因為她所有
> 的成果都完全在愛之中。

第十六章第57節西塞羅論及：

> 事實上，有多少事我們只為朋友而做，從未為自己而
> 行：……而且在許多時候，有德之人放棄或忍受他們
> 自己放棄自身的利益，所以朋友能享受與他們的相
> 處，而不是他們能享受與朋友的相處。

---

150 ‘*eoike d’ hē men philēsis pathei*’ *EN* VIII, 1157b29.

　　這種主張利他主義形式的友誼在西洋古代的倫理學思想中並不常見[151]，亞里斯多德雖然曾提到為了朋友的緣故(*ekeinou heneka*)，祝願他好是應該的(*EN* VIII, 1155b31-32 及 1156b10-11)，但此種利他主義的思想在《尼科馬哥倫理學》第八、九卷中的論述所占篇幅比例偏低，且如前所述，亞里斯多德認為不求回報、不具相互性的人際關係，如父母對子女的愛，並不是所謂的友誼(friendship proper)[152]。

　　另一個在西洋古代倫理學思想經常被提到的議題是：一個在各方面自給自足的人，還需要朋友嗎[153]？P. Mitsis教授認為伊比鳩魯學派主張自給自足及趨樂避苦的觀點，使得在它的思想中無法討論友誼，因為為朋友著想有時候會招致痛苦，這違背了伊比鳩魯享樂主義的思想，所以伊比鳩魯學派談論友誼會與其思想核心相互掣肘[154]。至於斯多葛學派，其自給自足的智者似乎對朋友的依賴性相當低，因為該學派主張真正的友誼只發生在智者們之間，他們在道德性格上的相似讓他們自然地成為朋友，所謂友誼的形成，對斯多葛學派而言，不是由於愛，而是由於道德完整性，這使得斯多葛學派的友誼觀缺乏情感／緒的向度，每一位智者都可與其他智者成為朋友，他不會對智者

---

151 C. Gill: 1998, 303-328認為西洋古代倫理學思想中，強調相互性，無法容納利他主義的思想。

152 但亞里斯多德在《修辭學》中對友誼的看法似乎是建立在利他主義的思想上(I, 1361b36-37)。

153 *EN* 1169b4-5.

154 P. Mitsis: 1987, 125-153；但D. K. O'Connor: 1989, 165-186反對Mitsis的看法。

中的某一位有特別的偏好與情感的依賴,故在智者之中朋友完全具相互替換性(interchangeability)[155],這造成友誼在斯多葛學派的倫理學思想位處邊陲。

西塞羅對此問題有一清晰明瞭的回應,兩位各自自給自足的人,出於愛而成為朋友[156],而且:

> 設若下述的事件真能發生,那〔人不能沒有朋友的〕事實便完全可被證成:某位神祇帶我們離開人群,且將我們遺世獨立地安置於某處,在那兒不虞匱乏地供給人性一切所需,這會使得人尋找同伴的能力被移除。誰會如此鐵石心腸?誰能忍受那種生活?而誰不會被孤獨奪走所有快樂的享受?(第二十三章第87節)

即使擁有一切的人,也需要朋友與他分享這一切所帶來的快樂,友誼使人的生命有尊嚴,令人感到生命的甜美。

亞里斯多德主張真正的友誼是有德之人間的友誼(*malista men oun esti philia hē tōn agathōn, EN* VIII, 1157b25),友好關係因此是對等的(*philotēs isotēs, EN* VIII, 1157b36-1158a1),西塞羅基本上也對友誼抱持著相同的看法,朋友在友誼中完全平等(第九章第32節)。但第十九章第69節提到社經政治地位較高之人應如何與社經地位較低的朋友相處,第二十章第71-72節表示身處

---

155 G. Lessess: 1933, 57-75.
156 參見第九章第30節。

優勢的一方應降尊紆貴，以方便提攜低下的一方，並且不讓受提攜之人自尊受傷；這些論述似乎將友誼置於羅馬的政治傳統中來看，具優勢的一方指patronus(保護者)，處於較劣勢的一方是clientes(是patronus的依賴者或追隨者)，問題在於：保護者與依賴者之間存在著友誼嗎？還是只有一種政治夥伴關係(socius)？簡而言之，保護者與依賴者之間或可存在友誼，但並不是每一個政治夥伴關係都可被視為友誼[157]。然而，西塞羅在這些章節中的用字proximus(近親同質之人)似乎顯示他並不是在談政治文化中保護者與被保護者的關係，而是指與自己在血緣上最近親或性格上同質之人，當他們處劣勢時，具優勢的一方應盡自己的能力，並估量對方的接受能力，來幫助他們。因此，西塞羅說：「與最親近的人分享性格、德性及一切優越性的成果，是最令人享受的時光。」(第十九章第70節)[158]。

朋友之間應以誠相待，切忌阿諛奉承[159]。友誼需要真誠是希臘化及羅馬時期的友誼觀中一個重要的議題，真誠這個概念源自於古希臘的*parrēsia*(言論自由)，民主雅典的每位公民在政治上都享有*parrēsia*的平等，當這個概念從政治場域轉移至倫理場域，它遂從言論自由轉變成一種人格特質，率直坦白，在這轉化的過程中政治制度也從民主平等變成權力集中制度，並進而產生保護主與依賴者的關係。率直坦白原先是對受保護人的

---

157 D. Konstan: 1997, 137.
158 亞里斯多德認為在不對等的人際關係中，受惠的一方應回饋授惠者榮耀(*EN* VIII, 1163b14)。
159 參見第二十四章第89-90節及第二十五章第91-93節。

一種人格特質的要求，如此他(們)才能對其保護主提出中肯的
建言，改正他行為上的錯誤 [160]。與 *parrēsia* 相對應的拉丁文
libertas，這個字的原意也是言論自由，進一步引申為被保護人對
其保護主的直言勸諫，且它只適用在不對等的關係上，並不用
在對等的友誼上。T. N. Habinek 教授認為，西塞羅於本書主張朋
友應忠言直諫是直接挑戰了羅馬傳統的德性觀，並賦予友誼一
種新的形式 [161]。西塞羅直陳對朋友坦誠建言是真理判準的確立
及友誼的保護，因為「失去真理，友誼這個字便毫無意義」(第
二十五章第92節)。

友誼乃人性之所趨，生命之所倚，失去她便是失去生命中
最珍貴的事物。西塞羅在本書中藉賴立烏斯對歷史與個人經驗
的反省，加之以他對希臘文化思想的熟稔，重新建構屬於羅馬
人友誼的典範。他要求羅馬人(或本書的讀者)重新反省人性的
本質與道德價值，並將反省的結果具體體現在日常生命經驗之
中。藉此，西塞羅希望羅馬社會的粗野氣質能提升至有教化文
明的生活型態，人與人之間的對待能以人文精神為基礎，深情
慈悲但不縱容包庇，勸勉訓誡但不粗暴無理，人際的和諧最終
以促成社會的和諧。

---

160 D. Konstan: 1995, 334; D. Konstan: 1997, 103-108.
161 T. N. Habinek: 1990, 170，但Habinek教授認為西塞羅的創新是為了維
　　繫羅馬統治階級的優越性。這個詮釋似乎忽略了西塞羅一系列的倫
　　理著作，激勵羅馬人檢視個人價值，尋找道德理想及典範的用心，
　　參見T. N. Mitchell: 1984, 37-38.

二、成書時間

關於《論友誼》成書的時間，西塞羅自己的著作及書信提供了一些推論的依據，在成書於44 BC 3月的《論占卜》中，西塞羅列了在當時已成書出版的哲學著作，其中並未提到本書(II, i, 3-4)；同年11月所出版的《論義務》裡，西塞羅提及關於友誼寫在另一本書中(de amicitia alio libro dictum est, II, ix, 31)；從以上證詞我們或可推論，若《論義務》是西塞羅所寫的最後一本書，再加上《論占卜》的書目，《論友誼》應成書於44 BC 3月到11月之間[162]。然而，在44 BC 11月11日寫給阿提庫斯的信中，西塞羅提到本書中的對話者之一法尼烏斯(quibus consulibus C. Fannius M. f. tribunus pl. fuerit, XVI, 13a)，似乎暗示11月是成書的月份，但J. Zetzel教授認為該書應於44 BC 的夏天完成[163]，而Falconer教授的看法應是秋天成書[164]。在沒有更多的明確證據可供確立《論友誼》成書月份的情況下，或許3月到11月之間是較有可能性的範圍。

三、人物

1. 阿提庫斯(Titus Pomponius Atticus, 110-32 BC)

西塞羅在《論友誼》第一章中告訴讀者，這本書是獻給他的摯友阿提庫斯(quam legens te ispe cognosces，第5節)。阿提庫

---

162 M. Griffin: 1997, 890.
163 J. Zetzel: 1972, 178.
164 W. Falconer: 2001, 103.

斯是何許人也，值得西塞羅不僅爲他寫書 [165]，也於其他的著作中讓他以對話者的身分出現 [166]？

根據阿提庫斯的傳記作者內波斯（Cornalius Nepos，約110-24 BC）的記載，阿提庫斯出生於騎士階級的家庭，他的父親富有又愛好文學，因此阿提庫斯自幼在其父的指導之下，從事各種知識的學習。儘管生於羅馬長於羅馬，阿提庫斯並未隨他的同儕們，如西塞羅，在成年之後投身於政治，爲國服務，他反而選擇避開政治，遠走他鄉，這箇中原因乃爲了避免可能的政治迫害 [167]。阿提庫斯於西元前85年變賣羅馬的家產，移居至雅典，他在該地各方面的經營都相當成功，當地政府與民眾十分愛戴他，甚至趁阿提庫斯離開雅典遠行時爲他設立塑像 [168]。

阿提庫斯善於理財，使他在物質生活上完全自給自足 [169]，而且尚有餘裕幫助朋友，此外他飽讀詩書 [170]，出身世家。這些特點足以讓他在政治的場域中揮灑自如，他對參與政治無動於衷，可能受到伊比鳩魯學派思想的影響 [171]，他全心全意地善待

165 《論老年》也是西塞羅寫給阿提庫斯的書。
166 如《論法律》、《學院思想》等。
167 阿提庫斯是普博利烏斯‧蘇爾皮奇烏斯（Publius Sulpicius, C1 BC早期）的朋友，蘇爾皮奇烏斯因將對抗小亞細亞的統兵權從蘇拉的手上轉移給馬里烏斯（Gaius Marius，生於157 BC），而與蘇拉結怨，當蘇拉怒而率兵攻打羅馬時，蘇爾皮奇烏斯潛逃未果，被處死。
168 Nepos, 3. 1-2.
169 G. Bossier: 1930, 127，認爲富有是阿提庫斯能不受他人左右的首要條件。
170 G. Bossier: ibid. 126，阿提庫斯是第一位羅馬人公開承認對希臘文學與藝術的喜好。
171 關於阿提庫斯是否是位伊比鳩魯學派的哲學家，學者們一直有著不

朋友似乎也與伊比鳩魯學派有關。阿提庫斯交友無數，其中與西塞羅之間的友誼不僅在當時廣為人知，更因阿提庫斯將西塞羅寫給他的信集冊出版[172]，而傳頌至今。

內波斯告訴我們阿提庫斯是西塞羅最忠實的朋友(4. 4)[173]，而且在西塞羅的安排下，阿提庫斯將他妹妹下嫁西塞羅的弟弟昆圖斯・西塞羅。西塞羅對阿提庫斯的依賴不只是物質[174]，更包括精神層面，從他寫給阿提庫斯的信中可清楚得知，例如西元前45年5月2日的信，他告訴阿提庫斯，他期待對方的到來，在眾人中獨自佇立使他更顯孤獨(XII, 51)；同年3月8日，西塞羅在信中說藉寫作與獨處來減輕心中的憂慮，但若你(阿提庫斯)在身邊的話，憂慮會更少些(XII, 14)；西元前60年1月20日的信中提及，他需要阿提庫斯傾聽他心中的焦慮(I, 18)，字裡行間在在流露出兩人深刻的友誼。

阿提庫斯除了提供西塞羅物質的協助及精神的安慰，他也貢獻給西塞羅某些政治上的建言，例如當西塞羅無法決定應支持凱撒或彭沛烏斯時，阿提庫斯對此提出建議(IX, 7)。但阿提庫斯堅守原則，從未將自己的政治建言化為實際行動，即使身

(續)———

    同的看法，持肯定意見者如C. Price: 1902, 10及C. Bailey: 1951, 164；而認為他只是對伊比鳩魯學派有興趣者如G. Bossier: ibid. 131及D. R. Shackleton Bailey: 1999, 18.

172 阿提庫斯似乎一直是西塞羅的圖書發行人，他還訓練了一批具有文學素養的奴隸幫他從事抄書與出版的工作，Nepos, 16. 3; G. Bossier: ibid. 128。

173 *Ad Att.* V, 6.

174 *Ad Att.* III, 5.

爲彭沛烏斯的好友 [175]，他都未曾親自現身於羅馬支持彭沛烏斯，這使得凱撒在擊潰彭沛烏斯後，並未因阿提庫斯與彭沛烏斯之間的私人情誼而加害於他，反而將他從放逐名單從剔除 [176]。

在阿提庫斯的傳記中，內波斯讚美阿提庫斯深受各個年齡層政治人物的喜愛，即使是當年可能迫害他的蘇拉，在年老之時，都因欣賞阿提庫斯的文采與翩翩風度，想將他從雅典帶回羅馬。布魯圖斯(Marcus Iunius Brutus，約85-42 BC)寫信給阿提庫斯，並未因阿提庫斯刻意與政治保持距離而批評他，反而爲他找不參與政治的理由 [177]。是什麼樣的理由讓阿提庫斯能與政治中人爲友，卻不樹敵？或許可歸納出下列幾點：第一，他一直認爲朋友比個人的成功來得重要 [178]；第二，由於物質生活不虞匱乏，他總是能熱心助人，不求回報 [179]；第三，他與不同政治派系的人物來往，對所見所聞守口如瓶 [180]，絕不以販賣政治情報爲交友的籌碼；最後，他具有深厚的文學藝術的素養與道德堅持 [181]，這些優點使他獲得眾人的信任與欽佩。

這位西塞羅畢生仰仗的朋友，年老時受腸絞痛之苦，爲了不讓這不治之症繼續折磨他，阿提庫斯選擇絕食結束生命。

---

175 Nepos, 7. 1.

176 Nepos, 7. 3.

177 《給布魯圖斯的信》(*Ad Brutum*)I, 17。西塞羅也對阿提庫斯選擇不涉入政治表示尊重與祝福，*Ad. Att.* I, 17.

178 Nepos, 9. 5及11. 4.

179 Nepos,10. 5及11. 3.

180 G. Bossier: ibid. 140.

181 他痛恨說謊，Nepos, 15. 1.

G. Bossier教授認爲阿提庫斯一定有著某種無法解釋的個人魅力 [182]，讓他能在動盪的年代中全身而退，也讓西塞羅對他有特別的期盼。

2. 賴立烏斯（Gaius Laelius，約190-125 BC）

《論友誼》中西塞羅提到，賴立烏斯、法尼烏斯及史凱渥拉之間的對話是發生在史奇皮歐・阿菲里康奴斯去世之後（post mortem Africani，第一章第5節），亦即，他們之間的對話是發生於西元前129年。

賴立烏斯榮膺「哲學家」與「智者」的封號 [183]，因爲西元前155年他與希臘哲學家所組成的使節團，包括新學院哲學家卡爾內阿德斯、斯多葛學派哲學家狄歐金尼斯（Diogenes of Babylon）及逍遙學派哲學家克里投勞斯（Critolaus），於元老院中論辯。他從學於狄歐金尼斯，並與史奇皮歐・阿菲里康奴斯一同受教於來自羅德島的斯多葛學派哲學家帕奈提烏斯。西元前151年賴立烏斯任護民官，147及146年在非洲爲史奇皮歐・阿菲里康奴斯效力，隨後於145年擔任司法長官，並被指派爲占卜官，140年他達到政治生涯的頂峰成爲執政官。賴立烏斯在「史奇皮歐的夥伴」 [184] 中除了是成功的政治人物、演說家及哲學家外，他也是位詩人，熱中希臘文化的他，在西元前兩世紀的羅

---

182 Ibid. 137.

183 參見第二章第6節。

184 關於「史奇皮歐的夥伴」（The Scipio's Circle）指的是一政治團體或文化團體，參見J. E. G. Zetzel: 1975, 173-179, esp. 174-175及J. S. Reid: 1879, 27.至於史奇皮歐的夥伴們是否對西塞羅產生思想方面的影響，參見E. Rawson: 2001, 14-15.

馬，扮演著文化引介的角色。

3. 史凱渥拉（Quintus Mucius Scaevola, C2-1 BC）

為與其同名的堂弟祭司史凱渥拉有所區分，又名占卜師史凱渥拉，一如賴立烏斯，他是位斯多葛學派思想的愛好者，於西元前128年任護民官，125年任營建官，在121-120年間他以司法長官及地方執政官的身分統轄亞洲，隨後在117年選為執政官。

4. 法尼烏斯（Gaius Fannius Strabo，C2 BC後期）

賴立烏斯的女婿 [185]，著名的歷史學家，也曾從學帕奈提烏斯，他曾於西元前146年服役於迦太基，141年服役於西班牙，122年受蓋伊烏斯·葛拉庫斯（其人見第十一章第39節）之助選選上執政官。

四、章節大意

第一章，第1-5節：前言，此書獻給阿提庫斯。

第二章，第6-10節：賴立烏斯被稱為智者，並且被問及何以能平靜承受好友史奇皮歐的逝世。

第三章，第10-12節：賴立烏斯說明對朋友的逝世過度傷悲，不是對朋友的愛；此外，他回憶史奇皮歐的人格特質及對國家的貢獻。

第四章，第13-16節：死亡不是一切的結束，因靈魂是不朽不滅的；生活上的分享，與意見、態度及喜好的一致是友誼的

---

185 *Ad Quin.* 25. 1.

全部意涵。

第五章，第17-20節：友誼在人生命中至爲重要，因她合乎自然之性，理想上，友誼只存在於有德之人間，但此一理想缺乏實用性，故談論友誼應從經驗出發。真正的友誼不是建立在位置或關係的相近，而是善意。

第六章，第20-22節：賴立烏斯提出理想友誼的定義，並指出人無論在順境或逆境皆對友誼有所需求。

第七章，第23-25節：朋友是另一個自己，友誼可爲人的生命帶來諸多益處。

第八章，第26-28節：友誼非建立在效益的基礎上，而是愛。

第九章，第29-32節：進一步強調友誼不是因個人的需求得靠他人滿足而產生，而是有德之人相互間的愛與敬重。

第十章，第33-35節：賴立烏斯列數友誼無法長存的原因。

第十一章，第36-39節：助友爲惡或唆使朋友爲惡皆非真正友誼的表現，因爲剔除德性的友誼，已非友誼。

第十二章，第40-43節：確立不助友爲惡及不唆使朋友爲惡是友誼的法則，賴立烏斯並強調應以史爲鑑。

第十三章，第44-48節：再次確定友誼的第一條法則；人性之中不應只有理性而不具有感性的成分，因此爲朋友擔憂是友誼中自然且必要的負擔，也是人性的自然流露。

第十四章，第48-51節：德性不是無情，而是愛與善意，故有德之人會相互吸引；友誼不來自利益的結合，但利益會隨之而來。

第十五章，第52-55節：財富與權力或可讓我們擁有一切的

物質享受，卻無法讓我們擁有朋友；當暴君失勢時，樹倒猢猻散的窘境，殷鑒不遠。

第十六章，第56-60節：關於友誼的界線有三個觀點：1)對待朋友的感情與對待自己的感情一致；2)對待朋友的善意等量於朋友對待自己的善意；3)我們如何看重自己，朋友應以相同的態度看重我們。這三個觀點皆不為賴立烏斯所接受，因為友誼不是算計，而是愛人與利人。

第十七章，第61-64節：有時為了幫助朋友，一些無傷大雅的小惡可被允許；朋友在交往之前須經測試，如此才能確知他是否忠貞牢靠且有節操。

第十八章，第65-66節：在友誼中須堅守以下原則，忠誠、坦率及態度親切。

第十九章，第67-70節：與老友之間的友誼愈陳愈香，不應被新建立的友誼取代；在友誼中具有社經政治地位的一方，應盡可能給予較弱勢的一方協助。

第二十章，第71-76節：1)在友誼中較具優勢者應盡可能不讓較弱勢的對方感到壓力，並應盡力幫助對方；2)在提供幫助時應考慮自身的能力與對方是否能承受；3)友誼應在性格與年紀成熟後決定；4)不要讓朋友間的善意成為妨礙朋友發展的絆腳石。

第二十一章，第76-81節：世俗的友誼之所以無法長久維繫，主因於：1)朋友犯錯；2)性格與熱誠的改變；3)政治立場不同。為防止友誼破裂，友誼的發生應避免操之過急。

第二十二章，第82-85節：以德性為基礎的友誼，雙方懂得

互愛互敬，在此友誼中，人性得以彰顯，幸福能夠實現，漠視德性就是拒絕友誼。

第二十三章，第86-88節：人性不喜孤獨，友誼使人的生命有尊嚴及甜美。

第二十四章，第88-90節：朋友難免犯錯，對他的告誡在態度上應率直誠懇，切勿曲從附和。

第二十五章，第91-96節：虛偽奉承、討好諂媚將真理從友誼中移除，失去真理的友誼毫無意義。

第二十六章，第97-100節：建立在奉承阿諛的友誼是一無是處的友誼。

第二十七章，第100-104節：結論，友誼是生命中最珍貴的事物，但她須與德性為伴。

西塞羅生平年表

西元前

110	阿提庫斯出生。
106(1月3日)	西塞羅生於阿爾皮農。
102	西塞羅胞弟昆圖斯出生。
100	凱撒出生。
90(3月17日)	西塞羅成年禮；拜史凱渥拉爲師。
91-89	聯盟之役，西塞羅服役於史特拉寶(Pompeius Strabo)的麾下。
82	史凱渥拉逝世。
80	西塞羅因羅斯奇烏斯的訴訟案件而成名。
79	娶特倫緹雅爲妻，出遊雅典及小亞細亞。
78	蘇拉去世。
77	回羅馬。
75	選上財務官，並於西西里任職。
74	從西西里回羅馬。
70	西塞羅起訴維瑞斯。
69	當選市政長官。

67	勸導人民接受奧圖(Lucius Roscius Otho)的劇場座位階級制。
66	最高票選上司法長官;支持彭沛烏斯出兵米特里達特斯(Mithridates)。
63	選上執政官,否決蘇拉的土地法。
62	連任執政官,卡特利納二次落選。卡特利納派人謀殺西塞羅,卡特利納黨羽徹底被鏟除。
58	克婁帝烏斯任護民官;凱撒聯合克婁帝烏斯攻訐西塞羅。
51	西塞羅任祭司;派職奇利奇亞。
49(1月)	回羅馬;凱撒與彭沛烏斯的衝突愈演愈烈。
49-45	內戰。
49(4月)	西塞羅投效彭沛烏斯但未獲重用。
48	彭沛烏斯於法爾沙鹿斯一役戰敗身亡。
48-44	凱撒獨裁。
47(9月)	西塞羅與凱撒於塔倫邸(Tarentum)會合,重修舊好。
46	西塞羅與妻離婚,再娶普柏麗麗亞。
45	女兒圖麗雅去世。
44	西塞羅目睹凱撒被刺身亡。
43(8月)	西塞羅助凱撒之義子屋大維選上執政官;屋大維與安東尼勾結密謀行刺西塞羅及其友人。
43	西塞羅胞弟昆圖斯及其子被殺;西塞羅被殺(12月7日)。

32	阿提庫斯去世。
30	屋大維於亞歷山卓之役擊敗安東尼，並選西塞羅之子爲同事。

關於譯文

　　本書是以Teubner（Stuttgart und Leipzig, 1997）的拉丁原典為中文譯文的依據，翻譯的過程亦參考Bonaria（Florentiae, 1971），Combès（Les Belles Lettres, 1975），Falconer（Loeb, 2001）及Powell（Oxford, 2006）的拉丁原典。

　　譯文中amicitia（友誼）及virtus（德性）以陰性的「她」來表示；中括號〔〕內的補充文字為譯者個人所加，以使譯文更便於閱讀；注釋及導論中的希臘文引文，以斜體標示；人物譯名除了中文譯名已成慣例，如西塞羅、屋大維及蘇格拉底等，均配合希臘文及拉丁文發音；最後，譯文的章節分段並未依照Teunber的版本模式，而是將各個章節獨立標示，以方便讀者閱讀時區辨。特此說明。

論
友誼

Laelius De Amicitia

第一章

1.

　　昆圖斯・穆奇烏斯・史凱渥拉是位占卜師[1]，經常以愉悅的心情從記憶中提及許多關於他的岳父蓋伊烏斯・賴立烏斯的事情，同時毫不遲疑地稱他爲一位智者。而在我穿上白色長袍之時[2]，父親將我引薦給史凱渥拉[3]，以使我無法離開長者的身邊──只要我有資格且史凱渥拉允許的話。因此，我牢記了許多史凱渥拉謹慎論述的觀點，也牢記許多他以簡潔適切的方式所提出的觀點[4]，我急切想藉由他的明智成爲一更有學識的人。在

1　古羅馬的官方神職機構可分爲四種：1)祭司(pontifex)：負責國家的祭典、慶典或運動比賽相關宗教儀式的進行，對地方官員在宗教事務上具有建議權；2)占卜師(augur)：專職維護占卜術之律則(ius augurium)，掌管公共事務中吉凶兆之觀察及應用；3)保護古希臘神集(the Sybilline books)的官員(quindecimviri sacris faciundis)；4)名爲同伴(sodales)之宗教團體。

2　鑲紫邊的長袍(toga praetexta)在古羅馬時期是專屬於權貴階級家庭中的男孩的穿著，當男孩成年之時即換穿純白色的長袍(virilis toga)，以示其已爲成年之公民。古羅馬的法定年齡爲16歲，當時成年禮的舉行不在當事人的16歲生日當天，而在3月17日富饒之神的慶典上(Festival of Liber)，以象徵由男孩轉變爲男人，具有生育能力。據此可推斷，西塞羅從師於法律專家兼占卜師史凱渥拉時，年爲16歲。

3　男孩成年後跟隨退休的長者學習，是當時羅馬的習俗。參見E. Rawson: 2001, 13-14。

4　西塞羅在此描寫出，史凱渥拉身爲一位年長(84歲)且有經驗的法律專家，是如何將法學的知識傳授給年輕學子。

他去世後，我投身於祭司史凱渥拉門下，我斷言祭司史凱渥拉
在我們國家中，無論能力及道德上都是最優秀的。但關於此事
擇日再談，現在我回頭談論占卜師。

2.

　　我記得他不僅經常敘述許多事情，而且坐在避暑別墅中的半
圓形椅子上，一如往常。我是少數幾位與他親近之人，他隨機開
啓一主題，在那時是許多人口中談論的話題。阿提庫斯，事實上
你的確更應該這麼記得，你與普博利烏斯‧蘇爾皮奇烏斯[5]相當
友好。當他是人民選出的民政長時，他以危險的恨意，與當時的
執政官昆圖斯‧彭沛烏斯保持距離，他與彭沛烏斯曾極爲親近融
洽地在一起生活，他們的決裂是多麼令人吃驚與遺憾[6]。

3.

　　後來，史凱渥拉暫停談論此友誼破裂之事，他接著對我們闡
述賴立烏斯關於友誼的論述。此一論述是在阿菲里康奴斯[7]去世

5　參見導論，人物阿提庫斯。

6　Quintus Pompeius於141 BC任執政官，136 BC任西班牙地方總督，並
　　於131 BC任監察官。他們友誼的決裂肇因於普博利烏斯欲維持德魯
　　蘇斯(Drusus)的想法，公平地賦予各部族的義大利人選舉與自治權，
　　但遭彭沛烏斯極力反對。

7　全名爲Publius Cornelius Scipio Aemilianus Africanus(185-129 BC)，爲
　　與其義祖父老阿菲里康奴斯(Publius Cornelius Scipio Africanus Maior,
　　236-183 BC)區別，又稱小阿菲里康奴斯，生於185 BC，是陸奇烏斯‧
　　艾米利烏斯‧保路斯(Lucius Aemilius Paulus, 228-160 BC)之子，被
　　普博利烏斯‧寇爾內利烏斯‧史奇皮歐(Publius Cornelius Scipio, C2

後幾天，由賴立烏斯親自說明，史凱渥拉與賴立烏斯的另一位女婿蓋伊烏斯·法尼烏斯——也就是馬庫斯·法尼烏斯[8]之子，均在場。我牢記他論述的要點，我以我的方式將其陳述於本書之中，因我可將這些所謂的對話者帶領出來，爲避免「我說」及「他說」經常出現在文中，所以要讓對話看起來就像是由對話者親自進行[9]。由於你常央求我寫下任何關於友誼的事情，此一主題對我而言，似乎不僅值得所有人學習，也適合我們的友誼。因此，在你的要求之下，爲能嘉惠許多人，我樂意爲之。

4.

但如同在《老卡投》[10]中，我寫給你關於年老這件事，我以年老的卡投爲主述者，因爲似乎沒有更適合的人可以講述關於那段時光的事情，他有相當漫長的老年生活，而在他的老年生活中，他又比其他人活得更富足。因此，我們從先祖處得知，蓋伊烏斯·賴立烏斯與普博利烏斯·史奇皮歐的友誼相當值得紀念，對我而言，賴立烏斯似乎是討論此一友誼議題的恰當人選，史凱

（續）————————

　　BC)收養，曾於168 BC效力於生父保路斯的麾下，並於149及148 BC在非洲以軍隊民政官的身分效力於馬尼利烏斯(Manilius)的麾下，他不僅在戰場上展現軍人無懼的勇氣，亦在外交場合發揮長袖善舞的能力，147 BC回羅馬任市政官並當選爲執政官，不幸於129 BC死於非命，其葬禮的祭文由摯友蓋伊烏斯·賴立烏斯撰寫。後文所提到的普博利烏斯·史奇皮歐或直接稱史奇皮歐者皆爲同一人。

8　Marcus Fannius，生卒年不詳。

9　這是模仿柏拉圖的對話錄，參見導論，柏拉圖。

10　*Cato Maior de Senectute*，即西塞羅的《論老年》。馬庫斯·卡投(Marcus Cato Maior, 234-149 BC)爲《論老年》中的代言人。

渥拉記得他的論述。然而，不知怎地這類論述由古代權威人士及卓越人士〔說出〕[11]，看來更增加其重要性。因此，閱讀我自己的書讓我偶爾受影響地認爲，是卡投而不是我在說話。

5.

而因爲我曾以老人的身分，寫給一位老者關於老年的書，正如藉此書，我以一位摯友的身分，寫給一位朋友關於友誼。此外，卡投說在當時幾乎沒有人比賴立烏斯更年長、更明智，如今賴立烏斯將講述友誼，他既是位眾所認可的智者，又富盛名於友誼。我希望你將心思從我處轉移一會兒，去思考賴立烏斯的論述。蓋伊烏斯・法尼烏斯及昆圖斯・穆奇烏斯在阿菲里康奴斯去世後，來到其岳父住處，由他們開啓對話，賴立烏斯回應，他全部的論述乃關於友誼，當你在閱讀它時，你自己將聯想到你自己[12]。

第二章

6.

法尼烏斯：正是如此，賴立烏斯，因爲沒有任何人比阿菲里康奴斯更優秀、更明智。但你應該思考，現在所有人的目光

---

11 Genus autem hoc sermonum positum...，原意爲這類論述被置於⋯⋯。
12 西塞羅在此提醒其友阿提庫斯，閱讀賴立烏斯所談論的友誼，會使他想起他們之間眞摯且深厚的情誼。

都投射在你身上，他們尊稱看重你是位智者。這個稱謂最近被給予馬庫斯・卡投 13，我們知道陸奇烏斯・阿提利烏斯在我們國家被稱為智者 14，不過他們被稱為智者的原因有所不同，因為阿提利烏斯被認為在公民法上是明智的；卡投則知道許多事物的效益與功用，在元老院或在廣場上，許多關於他的例子均顯現出他智慧的洞見、堅定的行為，還有機智的回應，被廣為人知。因此，便如同他在年老時已經擁有的名字——智者。

7.

然而因為你的性格與行為舉止，並且致力於真理的學習，他們慣常不以世俗的方式，而是以有教養人的方式稱你為智者。此又與稱呼他人為智者有所不同。此一稱謂我們不曾在希臘其他地方聽過，因為那些檢視相關議題的人，並不認為被稱為七賢的人是屬於智者的範疇之中 15；只在雅典聽過，某人確實被阿波羅的神諭評斷為最有智慧的人 16。但他們認為你具有此等智慧，因為你認為你的財富是位於你的內在 17，主張人的

---

13 參見第一章第4節。

14 Lucius Atilius，活躍於西元前兩世紀中葉，為一著名的法學家。

15 七賢指的是泰利斯(Thales)、梭倫(Solon)、皮塔寇斯(Pittacus)、畢亞斯(Bias)、克雷歐布婁斯(Cleoboulos)、謬松(Myson)及奇隆(Chilon)，他們強調要節制及認識自己，參見柏拉圖對話錄《普羅大哥拉斯篇》(*The Protagoras*)，343a及*ODCW*, 700。

16 西塞羅在此所稱的智者為蘇格拉底，參見柏拉圖對話錄《辯護篇》(*The Apology*)，21a。

17 西塞羅在此所指的是古希臘倫理學思想中一重要的概念——自給自足(*autarkeia*)。亞里斯多德在《尼科馬哥倫理學》中強調，幸福的内

命運與德性相比價值較低。因此，他們向我詢問，我相信就像向史凱渥拉詢問：你以什麼樣的態度承受阿菲里康奴斯的去世？對此問題值得有更進一步的討論，因爲在上一次的農湎[18]，我們一如往常爲了進行占卜術而聚在占卜師德奇穆斯‧布魯圖斯[19]的鄉村別墅中，當時你卻不在，雖然你總是習慣非常勤勉地觀察那天及執行那義務。

8.

　　史凱渥拉：蓋伊烏斯‧賴立烏斯，確實許多人詢問那問題，如同法尼烏斯所言，但我回答我所注意到的事：你平靜地承受痛苦，你因一位既是卓越人士又是摯友的去世而感到痛苦，但你卻無法不受影響，不受影響並非你的人格特質。關於上一次的農湎你並未出席我們聚會的事，我回應：理由是你身體不適而非悲傷。

　　賴立烏斯：史凱渥拉，你所言既正確且真實。因爲我不應該因個人的不便而擅離那個當我健康時一直固守的職位，我也不認爲由於任何意外事件的發生，能影響到一位堅定且一以貫

(續)————

　　　涵之一必須包括自給自足的特質，亦即一位有德之人所追求的終極生命型態應是沒有任何的缺乏，'teleon de ti phainetai kai autarkes he eudaimonia, ton prakton ousa telos' EN I, 1097b20-21。

18 Nonae指的是除了3、5、7及10月在7號外，其餘各月均於5號，於該月的當日舉行占卜術的練習。

19 Decimus Brutus(C2 BC)，138 BC被選爲執政官，在任內於西班牙的瓦倫西亞建立殖民地，137 BC征服葡萄牙，此外他還是位演說家，喜愛希臘的人，亦是詩人阿奇烏斯(Accius)的朋友與保護人。

之的人，以至於任何職務的履行可能出現中斷。

9.

　　然而你，法尼烏斯，出於善意說我貢獻良多，我既不知曉也不認為。但是，在我看來，你對卡投的評斷並不正確[20]。因為要麼沒有人是有智慧的——我寧可作如是想；要麼就是如果有人是有智慧的，卡投便是。我且略過談其他事情，他是如何地承受其子之死！我記得保路斯[21]，我眼見嘎路斯[22]，他們〔以勇氣面對〕其子年幼即逝，卡投〔以勇氣面對〕其子〔在生命中〕完美且卓越的成熟時期去世[23]。

10.

　　因此如你所言，不要偏愛那個阿波羅評定為最有智慧的人

20 賴立烏斯並不贊同法尼烏斯主張卡投之所以是位智者，來自他擁有許多關於事物的效益的知識，因為對一位斯多萬學派思想追隨者而言，德性才是智者的必要條件，因此若卡投是位智者，其理由必因為他的德性，而非他所擁有關於效益的知識。
21 保路斯分別於182 BC及168 BC被選為執政官，第二任執政官任期中結束了馬其頓戰爭，獲得勝利，然而二幼子的死亡卻破壞了勝利所帶來的歡樂。參見第一章第2節。
22 嘎路斯(Gaius Gallus)於171BC年被西班牙人民選為主保(patronus)，168 BC效力於保路斯的麾下，166 BC被選為執政官，除了政治與軍事上的表現外，亦著有天文學之相關著作。
23 西塞羅似乎在讚美斯多萬學派的理想，他們主張去情緒化(apathē)對幸福生命追求的重要性。羅馬哲學家塞內卡(Seneca)在其書信中便曾提及，我們應避免情緒對我們的影響，如此才能確保心靈的平靜(euthymia)。參見M. Hadas: 1968, 75-106。

更勝於卡投。因為後者因其行而被稱許，前者因其言而被讚美。
然而，關於我，讓我同時告訴你們兩位，應以下述方式看待。

第三章

　　如果我否認對史奇皮歐的思念影響了我，哲學家們[24]會認為
我所做的很正確；但我必定是說謊，因為失去如此的朋友，我相
信將不會有人和他一樣，我能確定如此摯友過去亦不曾有。但是
我不需要解藥〔化解此影響〕，在那慰藉中我極力安慰自己，因為
我沒有大多數人因朋友的逝去而慣性地產生悲傷的錯誤。我想沒
有不祥之事曾降臨在史奇皮歐身上；若有事發生，也是發生在我
身上。然而，極度受自身的苦惱所困並非愛朋友，而是愛自己。

11.

　　誰能否認他的一切的確都相當順遂？因為，除非他想擁有
不朽性，而他一點都不想。有什麼東西是他不曾擁有，但對人
而言是可欲求的呢？他年輕時代便擁有不可思議的德性，迅速
超越了公民們從他年少時就對他所有的高度期待。他從未尋求
執政官之職，卻被任命為執政官兩次，第一次是在他達到法定
年齡之前，第二次是在適齡之時，對國家而言幾乎算太遲了。
他藉由摧毀兩座對這個帝國最具敵意的城市[25]，不僅結束了現

24　或有智慧之人。西塞羅在此指斯多萬派的哲學家。

25　史奇皮歐於146 BC年摧毀迦太基，於133 BC攻陷西班牙中部的努芒
　　提亞(Numantia)。

在的戰事，亦終結了未來的戰事。我將怎麼形容他輕鬆和藹的態度，他事母至孝，對姊妹慷慨，對他人仁慈，對所有人以德相待？你們都已知道這些事。此外，他對〔我們的〕城市是多麼珍貴，從葬禮中所呈現出的悲悽之情便可一探究竟。因此，增加他幾年的壽命對此會有何助益嗎？因為，即使老年或許不是負擔，如我們所記憶的，卡投在他去世前一年，與我和史奇皮歐一起討論過，但它會帶走清新的特質，〔然而〕在史奇皮歐身上卻依然可見此特質。

12.

因此，如此的生命確實是藉由幸運或榮耀〔而得〕，以至於沒有事情能錦上添花，然而他的猝死，帶走了〔他〕對死亡的感覺。很難說明關於這類的死亡，你們知道人們所懷疑的事[26]。然而說出實情是被允許的，對普博利烏斯·史奇皮歐而言，他看他生命中許多的日子充滿著榮耀與快樂。在他死前一天，那是充滿歡欣的一天，當元老院議會結束，在入夜前他被部分的元老院議員、羅馬群眾及拉丁支持者護送回家。所以，從〔他所能擁有的〕至高尊榮的地位來看，與其說他似乎達到了較低下神祇的地位，不如說他達到了至上神祇的地位。

---

26 因極力反對葛拉庫斯（見第十一章第37節）的土地法，於129在家中被刺身亡，其妻珊普羅尼雅（Sempronia）、岳母蔻爾內麗雅（Cornelia）及卡爾寶（見第十一章第39節），皆被懷疑涉嫌這宗謀殺案。

第四章

13.

因爲我並不贊成近來那些人所開啓的討論：靈魂與肉體同時死亡，且萬物皆被死亡所摧毀 [27]。古代的權威對我影響較大，這權威不是來自我們的先祖們，他們如此地以宗教儀式向死者致敬，若他們認爲這不適合死者，就不會真正做這些事；就是來自那些在義大利的權威 [28]，他們以其傳統與格言來教化曾經興盛過，實際上已敗亡的義大利南部與西西里的東部 [29]；或是那位由阿波羅的神論判定爲最有智慧的權威，他不會一下〔說〕這個，一下〔說〕那個，如同在大多數問題上，而總是一貫主張：人的靈魂是神聖的，且伴隨著神祇，靈魂離開肉體以最迅速的方式回到天堂，這是開放給所有最優秀及最正義的人 [30]。

---

27 西塞羅在此指的是伊比鳩魯學派，參見導論，伊比鳩魯學派。

28 in hac terra，原意爲「在這土地上」，在此指的是義大利。權威者應爲畢達哥拉斯(Pythagoras)，他主張靈魂不僅不滅且會輪迴，'malista mentoi gnorima para pasin egeneto prōto men hōs athanaston einai phēsi tēn psuchēn, eita metaballousan eis alla genē zōiōn.' DK14, 8a。

29 Magna Graecia，原意爲「大希臘」，在當時的地理位置是義大利南部與西西里東部。

30 蘇格拉底對靈魂的看法可見於柏拉圖對話錄中的《費多篇》(The Phaedo)。

14.

　　對此史奇皮歐也保持相同的觀點。在他臨終前幾天，好像已有預感，當菲路斯[31]、馬尼利烏斯及許多其他人皆在場，而你，史凱渥拉，也和我一齊在場，他確實討論了三天國事，他論述的結尾一如往常是關於靈魂不滅，他所言之事是睡夢中透過老阿菲里康奴斯[32]的影像聽來的。若事真如此，那好人的靈魂在死後會輕易地飛離，正如脫離了監獄與身體的桎梏[33]。我們還能認爲誰到達神祇的路徑會比史奇皮歐更容易？因此，我擔心爲他這等的命運哀悼，與其說是他的朋友，不如說是位嫉妒之人。但如果，另一方面，真理是如此：靈魂與肉體的死是相同的，且沒有任何感覺留下。那在死亡中便不存在任何好事，因此確定也沒有任何事是不好的，因爲當感覺官能失去後，其結果是一樣的，就好像他未曾出生過。然而他的出生不僅使我們高興，這個城市也將感到愉悅，只要他持續存在。

15.

　　因此，誠如我說，對他而言一切的確都順利，對我而言則較不順遂，我較早出生，要較早死亡，是比較公平的。但我享受關於我們友誼的回憶，以至於我似乎過得很好。因爲我曾與史奇皮歐一同生活，我與他分享我對公共及私人事務的關心，

31　Lucius Furius Philus，136 BC任執政官。

32　此人爲Africanus Maior，參見第一章第2節。

33　'*eklummenēn hōsper ek desmōn ek tou sōmatos*' *The Phaedo*, 67d1-26.

我與他同住一屋簷且一起服役海外，這其中包含了友誼全部的意涵，以及在態度、喜好、意見上的高度一致性。因此，剛才法尼烏斯提及我以智慧聞名，並未使我感到愉悅，特別是這並非為真。而我希望我們的友誼長存，那更能貼近我心，因為在所有的世代中幾乎只提及三或四對朋友 [34]，但願史奇皮歐與賴立烏斯的友誼亦名列其中，為後人所知。

16.

　　法尼烏斯：賴立烏斯，剛才所言確實如此。而因為你提及友誼且我們都有空，你使我感到愉快，我也希望你使史凱渥拉感到愉快，若你以討論其他事物所慣用的方法，當這些事物是由你來尋求時，如此方式論述你對友誼的看法：你認為她是什麼，以及提出其規範。

　　史凱渥拉：這對我會是件令人愉快的事，我試著要求與你一起做這件〔講述友誼的〕事，但法尼烏斯搶先說出。因此，你

---

34 這些膾炙人口的友誼是：塞修斯(Theseus)及皮里蘇斯(Pirithous)、阿奇里斯(Achilles)及帕特羅克路斯(Patroclus)、歐瑞斯提斯(Orestes)及皮拉德斯(Pylades)、達蒙(Damon)及芬提亞斯(Phintias)。歐瑞斯提斯與皮拉迪斯之間的友誼，西塞羅於第七章第24節約略提到，相關故事可參考尤里皮德斯(Euripides)《在陶呂斯人群中的伊菲干尼雅》(*Iphigenia in Tauris*)及D. Konstan: 1997, 58-59的論述。關於阿奇里斯及帕特羅克路斯之間的友誼，參考荷馬《伊里亞德》(*The Iliad*)9, 18及23等卷，至於他們之間是何種形式的友誼，參見D. S. Barrett(1980/1). 'The Friendship of Achilles and Patroclus' CB 57, 87-93；W. M. Clarke(1978). 'Achilles and Patroclus in Love' *Hermes* 106, 381-396。

會帶給我們兩人極大的快樂。

第五章

17.

賴立烏斯：我真的不覺得困擾，如果我自己能有自信；因為如法尼烏斯所言，這是件高貴的事而且我們也有空。但我是誰或我有何等能力？那是屬於哲學家們及希臘人的傳統，無論多麼突然，給他們個議題，他們便可討論。這是件巨大的工程而且需要頗多的經驗，因此關於友誼能說些什麼，我想你可找那些教授這議題的人。我只能告誡你，應將友誼置於一切人事之上，因為沒有一件事物是如此合乎自然之性，如此與順境與逆境結合在一起[35]。

18.

但首先我覺得，除了在有德之人之間外，友誼不可能存在[36]，

---

35 亞里斯多德強調，友愛是出於自然之性(*phusei*)，她在人的生命中不僅不可或缺(*anagkaion*)，也是高貴的(*kalon*)(*EN* VIII, 1155a1-30)。斯多葛學派主張德性、自然之性及人生目的是合而為一的，'*telos eipe to homologoumenōs tē phusei zēn; hoper esti kat' aretēn zēn; agei gar pros tautēn hēmas hē phusis.*' *SVF* I, 552, 20；*SVF* III, 124。

36 斯多葛學派有相同的看法，'*legousi de kai tē philian en monois tois spoudaios einai dia tē homoiotēta. phasi de autēn koinōnian tina einai tōn kata ton bion, chpōmenōn hēmōn tois hōs heautois.*' *SVF* III, 631, 15-19。

我並未深刻觸及此議題，如那些人更精確地談論它，或許它為真，但少了日常實用性，因為除了智者外，他們否認有任何有德之人存在。這確實如此，但他們詮釋至今無人追隨智慧，然而我們應該在日常實際生活中，而不是在想像與期盼中觀察有德者。我不會說，蓋伊烏斯‧法博里奇烏斯、馬尼烏斯‧庫里烏斯及提圖斯‧寇倫卡尼烏斯[37]——這些被我們的祖先評斷為智者的人，他們的智慧得根據那些人的規範。因此讓那些人擁有不受歡迎而且不可理解的智慧之名罷；讓他們認可這些人是有德的，他們不會真的做；他們將會否認智慧可被授與，除了授與給智者外[38]。

19.

因此，如他們所說，就讓我們以魯鈍的理智來進行。那些以此方式行為，以此方式生活，以至於可證明他們的忠誠、廉潔、正直及慷慨，而且他們身上沒有欲望、貪念與無恥[39]，當

---

37 Gaius Fabricius於282 BC及278 BC任執政官；Manius Curius於290 BC、275 BC及274 BC任執政官，他們兩人皆以勤儉自持著稱；Titus Coruncanius於280 BC任執政官，是位著名的法律學者。

38 本節所提到的「那些人」為斯多葛學派的思想家，斯多葛學派雖對羅馬上層階級的人有某些程度的影響，但羅馬人講究實際的性格，相信思想最終必須植基在日常生活經驗之中。

39 史投巴伊烏斯(Stobaeus)說，芝諾認為世上存在的事物有三種：一是德性；二是惡；三是非關善惡之事，'taut' einai phē sin ho Zēnōn hosa ousias metechei, tōn d'otōn ta men agatha, ta de kaka, tade adiaphora.' SVF I, 47, 19。而依德而行會使我們擁有平和的生命之流，意即，幸福，'eudaimonia d'estin euroia biou' SVF III, 16, 11；I, 184, 16。

他們處在那種狀態，他們是穩定和諧的，如剛才所提及之人。
讓我們思考，這些人也在這種方式下被稱為有德，一如他們被
認為是，因為他們盡人之所能完全遵循生命最佳的自然導引。
因此我似乎觀察到，我們生來如此，以至於有某種人倫關係[40]在
我們之中，而且當每個人愈接近，它愈強烈。因此公民比外國
人更受喜愛，鄰居比陌生人更受喜愛，當自然之性在他們之中
產生友誼，但事實上這並不具備足夠的穩定性。確實在此層面
上友誼是優於相近性，因為善意可從相近性中移除，但不能從
友誼中移除；善意移除之後友誼之名也蕩然無存，而相近之名
依然存在。

20.

然而友誼的力量有多大，或可從由自然之性所形成無以計
數的人的聯繫關係充分得知，友誼如此被窄縮與限定，以至於
所有的情義[41]不是在兩人之間，就是在少數人之間結合而成。

第六章

然而友誼不外是以善意與相互關愛的態度[42]，對所有神聖

---

40 西塞羅在此用的是societas而不是amicitia，societas是一種聯繫關係，
   當人的關係愈近，這種聯繫性愈強，在此譯為「人倫關係」。

41 西塞羅的用字是caritas，意指好意、情感。

42 亞里斯多德說，友誼是相互間的善意，'eunoian en anti peponthosi' EN
   VIII,1155b33-34。

及人的事物有一致的看法 ⁴³。我確實認爲除了智慧之外，不朽的神祇送給人的東西沒有一件比友誼更佳。有些人認爲財富較好，有些人認爲健康好，有些人覺得是權力，有些人較喜歡榮譽，有許多人甚至較看重生理的快樂——的確是野獸的生活目的；然而上述的事物既會消逝也不確定，與其說它們依賴計畫，不如說是依靠無常的運氣。然而那些將至善置於德性的人，他們確實了不起，這德性產生並維繫友誼，沒有德性友誼絕對無法存在 ⁴⁴。

21.

現在讓我們以日常生活及語言的習慣來解釋德性，不要以華麗的辭藻，如某些有學問的人所用的語言，來評斷它；而且讓我們點出那些被視爲有德之人，如名爲保路斯、卡投、嘎路斯、史奇皮歐及菲路斯的人 ⁴⁵：他們滿意他們日常生活，但讓

---

43 這個對友誼的定義似乎違背經驗事實，因爲它完全排除意見相左之人成爲朋友的可能性。若將其置於整個對話的脈絡來看，此定義應與第18節的有德之人之間的友誼相呼應。關於完美的友誼形式，參見亞里斯多德，*EN* 1156b7-10。但根據羅馬雜家傑利烏斯的說法，此一定義是承襲逍遙學派的哲學家塞歐弗拉斯圖斯的《論友誼》(*Peri Philiae*)，'Theophratus autem in eo, quo dixi, libro inquisitius quidem super hac ipsa re et exactius pressiusque quam Cicero disserit'(I, iii, 21-22)。

44 亞里斯多德說，友誼長存有德之人之間，且德性是種穩定的特質，'diamenei oun hē toutōn philia heōs an agathoi ōsin, hē d'aretē monimon.' *EN* 1156b12-14。

45 西塞羅在此用的是Paulos, Catones, Gallos, Scipiones, Philos等複數形式，這是一種通稱，如同我們說那些名爲「瑪莉」的女子。

我們忽略那些永遠無法被發現的人[46]。因此在這些人之中的友誼具有我幾乎無法言說的適切性。

22.

　一開始，如艾尼烏斯[47]所言，有意義的生活[48]若不沉穩地建立在朋友之間的善意，它如何能存在？還有什麼會比有位朋友，你敢於對他說任何事，就像你敢於對自己說任何事，來得更甜美？在順境之中什麼東西可能是最大的獲利，除了你有位朋友能與你共享此順境？沒有了他，逆境或許很難承受，甚至他所承擔的不幸之事會比你所承擔的還重[49]。最後，其他各自被追求的事物幾乎都適合其各自的目的，財富為你所用，權力

46　斯多萬學派的智者。

47　Ennius(239-169 BC)，羅馬詩人，所著的《年譜》(The Annals)主要是描寫艾尼德離開特洛伊一直到迦太基戰爭之間的歷史故事，現僅存斷簡殘篇。

48　在艾尼烏斯現存的斷簡殘篇中這整句話只保留vita vitalis這兩個字(Operis Incerti Fragmenta, XV)，這使得在詮釋上出現困難，根據O. Sckutsch: 1985, 759的注解，vita vitalis這個語句的表現是模仿希臘文的 biōs biōtos，這句話可指「真正的生活」但也有「有意義的生活」或「有活力的生活」的含意，而從斷簡殘篇中無法斷定艾尼烏斯是如何使用這個詞句。至於在此的用法，以上三種意涵皆有支持者，如 E. S. Shuckburgh: 1952, 64-65採用第一種；R. Combès: 1975, 15(vivable la vie)及W. Falconer: 2001, 131(the life worth living)採用第二種，而J. Powell: 1990, 90(lively)採用第三種。在此選擇Combès及Falconer的譯法。

49　朋友應同享樂、共患難。愛爾蘭的多瑪斯(Thomas of Hibernicus)記載塞歐弗拉斯圖斯的友誼觀，不分享者不是朋友，'amicus non est, qui fortunae particeps non est.' TSS II, 536。

使你爲人所重視，任公職讓你受人讚賞，快樂使你享受，健康使你免於苦痛及執行身體的任務；友誼則包含一切的事情。無論何時你反躬自省，她總隨侍在旁，她不受制於空間，也從未不合時宜及製造麻煩。因此如他們所言，在許多地方我們用水、用火都不如我們享受友誼來得多。現在我並非談論普遍或一般的友誼，雖然她也令人愉悅及使人得利，而是關於真正的及完美的友誼，就像那幾個少數提及之人的友誼。因爲友誼使得順境更添光采，而且藉由分擔與分攤，她使得逆境較易承受。

第七章

23.

友誼非但包含最多且最大的便利，而且毫無疑問地，她優於任何事物，因她爲未來舉起一好的願景，也不允許靈魂被癱瘓或失能。因爲人看著真正的朋友，就像他看著自己的某種翻版 50。因此，雖不見友而其音容如在眼前；雖有需求卻不感缺乏；雖應虛弱卻依然強健；更難言詮的是，雖死猶生 51。在朋友這一方面，伴隨著已逝友人的是如此高的評價、對他們的回

---

50 亞里斯多德認爲，朋友是另一個自己，'ho philos estin allos autos' EN IX,1166a32。

51 absentes adsunt et egentes abundant et imbecilli valent,… ，這句話就拉丁文本身來看清楚呈現西塞羅欲表達的意思，但卻無法以中文直譯，遂利用「雖……而」及「雖……卻」的形式來捕捉此句話的意涵。

憶與渴望。這些事似乎使得死者快樂，生者值得稱讚。但若是你將善意的結合從事物本質中移除，沒有任何一個家或城市能夠屹立，甚至農耕都將維繫不了。如果這無法被理解，那可從紛爭與不和諧看出友誼與和諧的力量有多大 52。因為什麼樣的家是如此穩定，什麼樣的城市是如此牢固，它們完全不會被恨與分化給摧毀？從此可推斷，友誼具有多少的益處。

24.

是的，他們說有位阿格里干提奴斯的哲學家於其詩中主張，在事物本質及整個世界中的所有元素是維持不動的，元素之所以運動，是因友誼結合，因衝突四散 53。的確所有人皆能了解與贊成此事，因此，當朋友的某些協助出現在面對或分攤危難之時，有誰會不以溢美之詞稱讚？最近我的友人馬庫斯・帕庫維烏斯的新劇在整個劇場獲得何等的喝采 54！當無知的國

52 史投巴伊烏斯說：「他們將友誼置於僅在有智慧之人之間可找到的事物。因為只有在他們之間，關於生活事務的和諧能被找到，和諧是普遍善的知識。」'en monois te tois sophois apoleipousi philan, epei en monois toutois homonoia ginetai peri tōn kata ton bion, tēn d'homonoian einai koinōn agathōn epistēmēn.' SVF III, 630, 7-9。

53 這是指先蘇哲學家恩培多克利斯(Empedocles)，他主張這世界中所有的事物都由四個元素組成，即地、水、火及風；事物的生成毀滅，是由愛與恨兩種動力促使四元素聚合或分離以形成，'allote men philotēti sunerchomen eis hen apanta, allote d'au hekasta phpreumena Neikeos exthei ..., pur kai hudōr kai ēeros apleton hupsos, ...' 參見DK, 31B17。因此我直接將 'quae...quaeque' 譯為元素。

54 Marcus Pacuvius(200-130 BC)，羅馬的悲劇詩人，艾尼烏斯的學生，受希臘悲劇影響甚深。這部新劇名為Dulorestes，是改編尤里皮德

王不知道那一位是歐瑞斯提斯，皮拉德斯自稱是歐瑞斯提斯，因此他爲友犧牲；然而歐瑞斯提斯，因他確是其人，堅稱自己才是歐瑞斯提斯。觀眾們爲此虛構的故事鼓掌喝采，如果這是事實，我們作如是想？自然之性輕易地展現她的力量，當有些事人自己無法做，他們認爲它會適切地發生在其他人事上。論及至此，我想可以說說我對友誼的感受。此外若有任何事，我相信確有很多，是來自於那些專門講授哲學的人的討論[55]，若你覺得不錯，也應探討。

25.

法尼烏斯：但是我們寧願問你。雖然我也常問他們，但就我本身而言，我並不願意〔聽他們的論述〕，而你演說的條理與他們多少有些不同。

史凱渥拉：那你可多說些關於他們的討論，法尼烏斯，若你最近曾經去史奇皮歐的莊園，在那裡有國事的論辯時。當時一位正義的擁護者反對菲路斯精心研究的論述[56]！

斯《在陶呂斯人群中的伊菲干尼雅》中的情節，述說歐瑞斯提斯及皮拉德斯之間的友誼(490-720)，參見Ioannes D'Anna: 1967, 85-88。而根據羅馬詩人、文學研究家陸奇恩(Lucian, 約生於120 AD)在他的《論友誼》(*Toxaris*)中所記載歐瑞斯提斯與皮拉德斯之事，也與尤里皮德斯的版本有所出入，尤其是賽西亞的國王並未遵循神諭放走他們，結果被兩人殺害(2)，但文中陸奇恩不斷強調善意(*eunoia*)與友誼之間的關係(6, 7, 8)。

55 ab eis…qui ista disputant，這些人(ab eis)是指那些討論倫理議題的哲學家。
56 菲路斯主張國家的管理，不正義是必要的手段，參見西塞羅《論共和國》III, 5-18。

法尼烏斯：確實，由最正義之人來爲正義辯護最是容易。

史凱渥拉：那關於友誼呢？由因爲以極高度忠誠與恆久的正義保護友誼，而擁有無上光榮的人〔來爲友誼辯護〕，不會是件容易的事嗎？

第八章

26.

賴立烏斯：這的確具有強迫性。而你以什麼樣的理由強迫我很重要嗎？你確實在強迫我，因爲要抵擋自己女婿的熱忱，尤其是出於好的動機，確實不僅困難也不公平。因此，我經常思考關於友誼的事，它似乎屢屢需要特別的關注，友誼的需求是否因爲軟弱或無助，所以藉由施與受的助益，任何人就其自身無法擁有的事物，他從別人那兒獲得並且在互助的方式下歸還之，這或許是友誼的特質 [57]；但另外一個更重要 [58] 及更美的理由是直接出於自然之性本身：因爲愛，從它友誼獲得其名 [59]，是建立善意的首要事物。且說那些以友誼爲藉口配合情境而贏

---

57 將友誼視爲一種效益關係，可見於伊比鳩魯學派的思想，相關論述參見導論，伊比鳩魯學派。

58 antiquior原指更早或更古老，在此譯爲「更重要」，以強調這另一個理由價值的優越性。

59 Amicitia（友誼）這個字與amor（愛）出於同一字根，相關論述參見導論，論友誼。

得榮譽與奉承的人 [60]，經常從中獲利；然而在友誼之中無事非真，無事不誠，無論任何事既真實且率性。

27.

因此，對我而言，與其說友誼出於需求不如說是出於自然之性，在靈魂的偏好中，它較贊成某種愛的感受，而比較不會思考那件事有多少利益。如此的感受事實上也可在某些動物身上看到，牠們在某段時間內是如此地關愛牠們的後代，而且這些後代也是如此地愛著牠們的父母，所以牠們的感受容易顯現 [61]。這在人身上更加明顯：首先，從子女與父母間的愛來看，它是不可能被斷絕的，除非以令人憎恨的惡行；再者，當相同的愛的感受存在時，若我們擁有某人，他的性格與本性與我們相符 [62]，因為在他身上我們似乎看見某種善與道德的光輝。

28.

因為沒有任何事物比德性更值得愛，更趨向愛；因為德性與善，在某些層面上我們也喜愛那些未曾謀面之人。有誰不以某種愛 [63] 與善意來喚起他們從未見過的蓋伊烏斯・法博里奇

---

60 Percipiuntur（被獲得），coluntur（被授與榮譽），observantur（被奉承），這三個被動式動詞在此皆以主動式譯之，以符合中文表述。

61 *EN* VIII, 1155a3-21.

62 congruamus（與我們相符）這個字似乎意指 *sumpathē*（同感）在友誼中扮演重要角色。

63 在27、28兩節西塞羅不斷地以caritas及amor兩個不同的字來表現愛，參見第五章第20節。

烏斯及馬尼烏斯・庫里烏斯 [64] 的回憶？然而誰不恨塔爾昆尼
烏斯・舒沛爾布斯 [65]？有誰不恨史布里烏斯・卡希烏斯及史布
里烏斯・麥利烏斯 [66]？爲了羅馬 [67] 的存亡，我們曾與兩位主
將，皮魯斯及漢尼拔 [68]，發生激烈的戰鬥。對於前者，由於他
的正直，我們並無敵意；但由於其人殘酷，這個國家一直憎恨
後者。

64　參見第五章第18節。

65　Tarquinius Superbus，羅馬早期七位國王中的最後一位，因殘暴在509
　　BC被逐出。

66　Spurius Cassius Vecellinus，羅馬貴族，分別於502 BC、493 BC及486
　　BC任執政官，在第三任執政官任期結束後，因土地分配問題，及販
　　售西西里人的穀物，盈餘分配問題，觸怒各方，以叛國罪處死，'…Inde
　　dimidium Latinis, dimidium plebi divisurus consul Cassius erat. … iubere
　　pro Siculo frumento pecuniam acceptam retribui populo.' *Livy* II, 41; '…,
　　et quoniam consulates quoque eripiendus invitis patribus, de regno
　　agitare: …' *Livy* IV, 13。Spurius Maelius，羅馬巨富，於440-439 BC
　　企圖將穀物分送給貧民，被貴族以僭越及覬覦王權的理由處死。

67　de imperio in Italia，原意爲在義大利的王國。

68　Pyrrhus(319-272 BC)，艾皮魯斯(Epirus)的國王，於281 BC受塔倫邨
　　人之請，出兵協助抵禦羅馬，分別於280及279年兩次擊敗羅馬部隊。
　　西塞羅稱皮魯斯正直是因爲他回應當時羅馬執政官法博里奇烏斯的
　　正義行爲(法博里奇烏斯不接受皮魯斯的叛將的提議，毒殺皮魯
　　斯)，釋回被擄的羅馬戰俘。Hannibal(247-182 BC)，迦太基的將軍，
　　從小立誓與羅馬爲敵，於218 BC發動第二次迦太基戰爭(The Second
　　Punic War)，戰爭持續到203年他投降才結束。漢尼拔對羅馬發動戰
　　爭最初之意不在摧毀該城，而在削弱它的政治及軍事力量，藉此迦
　　太基可將自身的版圖擴張至西班牙。

第九章

29.

　　但若善德的力量如此之大，以至於我們不是在我們未曾謀面的人身上給予她尊重，更甚者，就是在敵人身上敬重她。若人的靈魂，當他們似乎看見與他們實際交往而能親密結合的人所具有的德與善，而受感動，這會令人吃驚嗎？愛藉由接受幫助、個人情義的體察與親近感的增加而鞏固，當靈魂與愛的初動加上這些事物後，激發出一種令人驚奇的善意[69]。若他們認為友誼源始於軟弱無助，所以藉由某人的存在，他或可滿足其所缺乏之物，他們的確留給友誼卑賤而且一點都不高貴的起源，就像我會如是說，他們希望友誼出自貧窮與需求。但若友誼的起源是如此，每個人依比例認為，自己擁有最少的資源，因此最適合擁有友誼；事實顯然是相反的。

30.

　　事實上，任何人對自己的信心皆與他以德性與智慧來強化自己，有著某種比例對稱關係，以至於他或許對別人無所求，而且會認為他所有的一切都在自身[70]，因此他在尋求及珍惜友

69　mirabilis magnitudo benevolentiae，原意為令人驚奇的善意的量。

70　關於人的自給自足性(autarkeia)，參見第二章第7節。但柏拉圖在《呂希斯篇》215a-c，對兩個自給自足的人可能成為朋友提出質疑。

誼上極為卓越。到底是什麼？阿菲里康奴斯需要我的任何東西嗎？完全不需要，我發誓，而且我也不需要他的任何東西。但我愛他，因為出於一種對於他的德性的欽佩，他也愛我，或許是出於對我的性格的某種看法；親近強化善意。然而，雖然這伴隨著許多相當不錯的好處，但愛的原因不是出於對利益的期盼。

31.

因為我們之所以慈愛與大方，並不是我們能要求等量的謝意，也不是我們將仁慈以附帶利息的方式借貸出去，而是我們自然而然地趨向慷慨大方；因此我們認為，尋訪友誼並非受到期待回饋的指引，而是因為她所有的成果都完全在愛之中。

32.

那些非常不同意這些意見的人，以動物的習性將所有的事物都歸因於感官上的愉悅[71]。這並不令人驚訝，因為他們能看見的事物，無一是崇高的，無一是壯麗且神聖的，他們將所有的思想都貶抑成如此低下與可鄙的事物[72]，因此，無論如何讓

---

[71] 西塞羅眼中的反對人士是伊比鳩魯學派的哲學家，在《主要學說》中，伊比鳩魯主張最大量的快樂可以移除所有的痛苦(3)；在《給梅諾克烏斯的信》中說，快樂是主要且自然的善(*TEP* 44-45)；參見導論，伊比鳩魯學派。

[72] 伊比鳩魯認為萬物皆由原子構成，故生前死後及神聖之事不應是我們關切的重心。參見《給希羅多德的信》，*TEP* 26-27。

我們將這等的哲學家 73 從對話中移除。然而當善德的徵象已始，讓我們了解愛的意義與善意的感覺是出於自然之性；那些欲求它的人，獻身於它而且向它接近，所以他們可以享受與所愛之人的親密感與其性格，而且彼此或可在愛之中完全平等 74；且他們都傾向好好地為對方設想 75，而不是要求對方，因此在他們之中存在著德性的競爭 76。是故，從友誼中可獲得最大的益處，而出於自然之性的友誼比出於軟弱無助的友誼更高貴且真實。因為若利益附著在友誼之上，當這個利益有所改變，友誼也跟著消逝。但因為自然之性是不會變的，基於這個理由，真正的友誼是永恆不變的。你事實上已得知友誼的源起，除非你或想做些回應。

法尼烏斯：你請繼續，賴立烏斯。我會以我的特權替這年輕人回應。

33.

史凱渥拉：你所言極是，就讓我們聽下去。

第十章

賴立烏斯：因此優秀的人聽著，我與史奇皮歐經常討論友

---

73 hos這個複數受詞指的是那些伊比鳩魯學派的思想家們。

74 'philotēs isotēs' EN VIII, 1157b37.

75 ad bene merendum，原意為好好服務，在此譯為「為對方著想」。類似的思想參見亞里斯多德，EN IX, 1166a1-9。

76 EN IX, 1167a19-21.

誼的觀點，雖然他確實提及無物比友誼更難持續到生命的最終一日，因爲不是經常發生利益不相容的情形[77]，就是發生對政治有著不同的意見。人們常說，人的性格有時會因不幸的事、有時會隨年歲增長而改變。他並且從年輕歲月的類比中捕捉這些事物的例子，因爲男孩們之間至高無上的友誼[78]，經常與他們鑲紫邊的外袍一起被棄置一旁[79]。

34.

而若他們的友誼持續至青年期，有時候還是會因爲婚配的競爭[80]，或某些利益無法分享而分開。但假使那些人的友誼能持續較長的時間，若他們爲公職而競爭，他們的友誼經常會動搖。在大多數的例子中，對友誼的傷害莫過於對金錢的欲望，而在優秀的人之中，莫過於對榮耀與名譽的競逐。從上所言，最大的敵意經常存在於最親密的朋友之間。

---

77 non idem expediret，這句話的原意爲相同的事不再方便，在此跟隨E. S. Shuckburgh: 1952, 70的注解，譯爲「利益不相容」。西塞羅說明爲何友誼會破裂的原因。

78 在此將amores(愛)這個字譯爲友誼。

79 史投巴伊烏斯轉述塞歐弗拉斯圖斯的觀念說，年輕人的性格易變，'astochatos gar hēlikia kai pollas echousa metabolas allote ep' allo pheromenē' TSS II, 539。

80 古羅馬的婚姻大抵由男女雙方父親決定，考慮婚配的原因，可以是年齡、血緣、社會階級與政治等因素。但在羅馬共和後期，上層階級的婚配似乎較不受雙方父親的主導，傾向自由擇偶，ODCW 452-453。

35.

當朋友要求某些不正當的事情時，通常高尚具有正當性的分離會發生，他們要麼成為欲望的代理人，要麼成為不正義的協助者，因為那些拒絕〔朋友的要求〕的人，雖然他們以有德性的方式拒絕，但依然被那些他們不想順從的朋友指控他們丟棄朋友的道義[81]。然而那些敢於向朋友要求任何事的人，藉那個要求，他宣稱他將為朋友做任何事，〔事實是〕長存的友誼[82]不僅經常被他們的抱怨澆熄，也產生出永無止境的仇恨，因此許多不幸之事籠罩在友誼之上，以至於史奇皮歐說，對他而言，要逃離這一切不僅需要智慧，也需要運氣。

第十一章

36.

因此，如果可以的話，讓我們首先來看在友誼中愛應持續到什麼程度。若寇里歐拉奴斯[83]有朋友的話，他們應該與寇里

---

81 ius amicitiae，原意為友誼的法則。

82 西塞羅的用字是familiaritates，這個字與amicitias並無不同，皆指親密交往而形成的友誼。

83 Gnaeus Marcius Coriolanus，羅馬貴族，因為反對將穀物分配給飢餓的平民而遭放逐。他受到羅馬的敵人渥爾斯奇(the Volscians)人的歡迎，隨後領軍攻打羅馬。

歐拉奴斯一起武裝叛國嗎？維克利奴斯及麥利烏斯[84]的朋友應幫助他們建立皇權嗎？

37.

因爲我們看到提貝里烏斯‧葛拉庫斯[85]使國家騷亂而且被昆圖斯‧圖貝羅[86]及同儕們所放棄。但庫邁的蓋伊烏斯‧布羅希烏斯[87]，是您家族的朋友，史凱渥拉，當我擔任兩位執政官，賴納斯及魯皮利烏斯[88]的顧問時，他曾來見我請求諒解，並提出以下理由，讓我能夠原諒他：〔因爲〕曾給予提貝里烏斯‧葛拉庫斯如此高的評價，以至於他認爲應該做任何葛拉庫斯想做的事。然後我說，即使他想放火燒朱比特的神殿？他說，葛拉庫斯事實上從未想過放火燒神殿，但若他有這種想法，我會遵循的[89]。你看這是何等邪惡的說法。而且他以神之名做此事，

---

84 維克利奴斯即史布里烏斯‧卡希烏斯，他與麥利烏斯其人其事參見第八章第28節。

85 Tiberius Sempronius Gracchus(164-133 BC)，羅馬貴族，在任護民官時提出新的土改法(133 BC)，因不符程序與護民官歐克塔維烏斯(Octavius, C2 BC)起衝突，造成政治動亂。

86 Quintus Aelius Tubero，與葛拉庫斯在133 BC同爲護民官，但卻是他最嚴厲的批判者。

87 Gaius Blossius，葛拉庫斯最堅定的支持者，曾受教於斯多萬學派哲學家安提帕泰爾(Antipater)。參見Plut. Grac. VIII。

88 Publius Papilius Laenas及Publius Rupilius(卒於131 BC)爲132 BC同任執政官，並負責起訴葛拉庫斯的追隨者。

89 根據普路塔荷的記載，這是史奇皮歐的親戚納希卡(Publius Scipio Nasica，卒於132 BC)問布羅希烏斯的問題，'...Nasica pros auton: "Ti oun, ei se Tiberios ekeleuse emprēsi to Kapetōlion;"...' Plut. Grac. XX, 4。

或者更甚於他所說的，因爲他奉行提貝里烏斯・葛拉庫斯的輕
率之言，除了以同伴的身分出現，更是這瘋狂舉動的帶頭者。
也由於這瘋狂的舉動，他受到最近剛成立的調查庭的驚嚇，遠
逃至亞洲，投效於敵人[90]，因叛國接受嚴厲且應得的懲罰。因
此，這樣的罪行是沒有藉口的，即使你所犯的錯誤是爲了朋友；
因爲道德的信念[91]是友誼的支持者，友誼難以維繫，若你遺棄
德性。

38.

然而若我們能下正確的決定，〔關於〕授與朋友們所想要的
任何事物，或我們希望從朋友那兒獲得的任何事物，我們應是
擁有完美無瑕的智慧的人，如果無事有瑕疵的話。但我們提及
這些朋友，他們正在我們眼前，我們看著他們或憶及他們，我
們在日常生活中認識他們，從他們之中我們必須找出例子，特
別是那些最接近智慧的人[92]。

39.

我們知道帕普斯・艾米利烏斯是蓋伊烏斯・陸斯奇奴斯的
朋友[93]，從我們的先祖處得知，他們同任執政官兩次，是執政

90 布羅希烏斯投效於亞里斯投尼庫斯(Aristonicus)，參見*Plut. ibid.*。

91 opinion virtutis，原意爲德性的意見。

92 西塞羅分別在第五章第19節及第六章第21節，強調要以日常生活的
智慧來討論友誼，而非perfecta sapientia。

93 Papus Aemilius及Gaius Luscinus同時於282 BC及278 BC擔任執政
官，於275 BC擔任監察官。

時的同事；此外，傳統上記載與他們有緊密聯繫的人是——馬尼烏斯・庫里烏斯及提圖斯・寇倫卡尼烏斯[94]。因此我們甚至無法懷疑，他們其中任何一個人向朋友要求某些違背承諾、違反誓言、違逆國家之事。因為確實關於這些人還有什麼該說的？如果有人真的要求〔做此惡事〕，他是無法達成的，因為他們皆為最正直的人，並且要求與被要求〔做惡事〕都是同等的錯。然而事實上，蓋伊烏斯・卡爾寶、蓋伊烏斯・卡投[95] 皆追隨提貝里烏斯・葛拉庫斯，而且他的弟弟蓋伊烏斯[96]〔亦追隨他〕，以往一點都不激進，現在則不然。

第十二章

40.

因此，讓此確立為友誼的法則，所以我們既不要求可恥的

---

94 參見第五章第18節。

95 Gaius Carbo Papirius（164-119 BC），為葛拉庫斯忠實盟友，於131 BC 任護民官，涉嫌史奇皮歐的謀殺案，隨後在120 BC任執政官。Gaius Porcius Cato，監察官卡投（Cato Maior，參見第一章第4節）之孫，於114 BC任執政官，曾任馬其頓地方總督。

96 Gaius Sempronius Gracchus（154-121 BC），他於134 BC在西班牙效力於史奇皮歐的麾下，126 BC任薩丁尼亞（Sardinia）的稅務官員；123-122 BC兩次當選為護民官。他一直自詡為其兄的復仇者，除了執行葛拉庫斯所立的土地法外，儘管立法讓拉丁人具有公民權失敗，但他將徵收在外地不當得利的權力（repetundae）轉移給富人階級（equites），避免元老院的議員官官相護。

事，也不做可恥的事，當有人要求時。因為可恥的藉口不僅不
應該成為為自己在其他罪行中的辯護，而且任何人表明他做叛
國之事是為了朋友，也絕不被接受。事實上，法尼烏斯及史凱
渥拉，我們曾有過如此的狀況，所以我們對國家未來的事採取
警戒的態度是對的。我們所作所為多少有些脫離先祖們所訂定
的正軌 [97]，提貝里烏斯・葛拉庫斯企圖掠奪政權，他甚至實際
上統治過幾個月 [98]。

41.

羅馬人民曾經聽過或見過這類事物嗎？我無法不含淚地
說，即使在葛拉庫斯死後依然追隨他的朋友與至親，他們對普
博利烏斯・史奇皮歐 [99]的所作所為！但我們盡可能忍受卡爾
寶，因為提貝里烏斯・葛拉庫斯最近的懲罰 [100]。然而對於蓋伊

---

97 J. Reid: ibid. 87認為maiorum不應該修飾consuetudo，因為這會使得這
整句話變得荒謬：「我們先祖的傳統脫離正軌」，他主張maiorum應
修飾spatio curriculoque，而成為「先祖所訂立的正軌」。

98 與其說西塞羅在此指摘葛拉庫斯的叛國，不如說西塞羅有感於他所
處的政治環境充滿了密謀，如卡特利納於63 BC密謀暗殺西塞羅失
敗；連年的聯盟戰役（Social Wars, 91-87 BC）；有權勢者如凱撒的僭
越職分、違法亂紀，都成為羅馬共和體制衰敗的原因。可惜，保守
反動的西塞羅卻無視於元老院缺乏與時俱進的能力、無法做內部改
革，對國家產生的負面影響。

99 參見第三章第12節。

100 納希卡於133 BC率眾在卡彼投山（Capitol）將葛拉庫斯活活打死，因
納希卡的作為激起民怨，元老院為緩和這股仇視反對葛拉庫斯者的
力量，遂採取較溫和的手段對待卡爾寶。

烏斯·葛拉庫斯護民官的職務有何期待，我並不樂意預言[101]。因為麻煩逐日蔓生，一旦它開始滑動，就猛然地滑向滅亡。在投票的例子上你可見已有多少可恥的事發生，首先是嘎比尼烏斯的立法，兩年後是卡希烏斯的立法[102]，我似乎看到，現在人民與元老院對立，最重要的議案都由群眾決定。事實上更多的人將知道這些事[103]是如何發生的，卻少有人知道如何抑止它們。

42.

這些評述的要點為何？因為沒有同伴，沒有人會嘗試做任何這類的事情。因此，好人[104]須心生警惕，若他們無知的話，他們將在某種機緣下墮入某種友誼之中，他們不會認為，他們是如此地被拴綁著，以至於無法從在公務上為非作歹的朋友處脫身。然而須決定對無德之人的懲罰，可確定的是，追隨者的刑責不會少於那些叛國的主事者的刑責。在希臘有誰比塞米斯

---

101 西塞羅在此似乎讓賴立烏斯有極佳的預示能力，因為蓋伊烏斯·葛拉庫斯於123 BC首次當選護民官，但對話錄中的對話時間是129 BC，換言之，賴立烏斯於六年前即已知道蓋伊烏斯會當上護民官。

102 Aulus Gabinius在148-146 BC服役於馬其頓與希臘，在139 BC任職護民官時將公職人員的選舉從以聲投票（viva voce）改為秘密投票；而Longinus Ravilla Cassius於137 BC立法，將所有的法律案件，除了叛國罪外，皆改為秘密投票。西塞羅認為投票制度的改變，使得買票綁樁的事層出不窮，最終將導致羅馬共和的衰敗。

103 上述那些幾近於革命之事。

104 bonis這個字在此並不具道德意涵，而是指元老院的成員及參與政治事務的貴族們，參見Gould and Whiteley: ibid. 102；W. Falconer: ibid. 154。

投克利斯更傑出 [105] ？有誰比他更有權力？在波希戰爭時這位將
軍使希臘免於被奴役，但卻因遭嫉而被放逐，他在義務上並不
需要忍受這個令人不悅的城邦〔加諸在他身上的〕不義之事 [106]。
他所做的事，在二十年前寇里歐拉奴斯在我們之間做了同樣的
事。沒有任何人協助他們叛國的行爲，所以兩人皆自盡結束生
命 [107]。

43.

　　關於無德之人間的協定不僅不應受友誼的托辭保護，而且
須接受所有的懲罰，所以沒有人認爲，追隨朋友武裝叛國是可

---

105 Themistocles(524-459 BC)，希臘政治家及軍事將領，於波希戰爭時
　　(490及480/79 BC) 率領雅典在薩拉米斯之役(Battle of Salamis, 480
　　BC)及普拉台亞之役(Battle of Plataea, 479 BC)擊潰波斯大軍，確保
　　希臘的自由。他於470 BC被放逐，在此期間他似乎介入斯巴達將軍
　　包薩尼亞(Pausania)意圖叛國的計畫，東窗事發而逃至小亞細亞，於
　　465 BC之後，波斯王亞爾塔哲爾哲斯一世(Artaxerxes I, 465-424 BC)
　　封他爲馬格内希亞(Magnesia)的行政長官。根據希臘史家蘇曲迪德斯
　　(Thucydides)的記載，塞米斯投克利斯在馬格内希亞終老，‘*Nosēsas de
　　teleuta ton bion; legousi de tives kai hekousion pharmakō apothanein
　　auton, adunaton nomisatan einai epitelesai basilei ha hupeschetu*’(I,
　　138)，後文所言塞米斯投克利斯自殺身亡可能僅是個傳說。
106 ingratae patriae iniuriam non tulit quam ferre debuit，這句話原意爲他不
　　忍受不愉快國家的不義之事，如他有義務去承受。在譯文中做了些
　　修飾增添，以符合中文的語言結構。
107 參見第十一章第36節。但根據羅馬史家李維(Livy)的記載，寇里歐拉
　　奴斯並未自殺而且活到相當高的歲數，‘Apud Fabium, longe
　　antiquissimum auctorum, usque ad senectutem vixisse eundem invenio;
　　refert certe hanc saepe eum exacta aetate usurpasse vocem, multo miserius
　　seni exsilium esse’(II, 40)。

被容許的行為。但依事態的發展，這在將來或許有可能成真[108]。然而，我對我死後國家的發展及國家現在的樣貌一樣關心。

第十三章

44.

因此，讓此成為友誼的第一條原則，所以我們能從朋友那兒尋求高尚的事物，我們只為朋友做道德所允許的事；甚至讓我們不要等到被要求才做有道德的事，讓這熱情永在，讓猶豫不存；讓我們勇於以率直的態度建言，在友誼中讓提出有智慧建言的朋友擁有非常穩固的權威，而且讓這權威不僅明確且嚴厲地用在警示建言上，若事有必要，並且讓所提出的建言被遵守。

45.

而我認為有些令人驚奇的觀點是受到某些人的喜愛，據說這些是住在希臘的智者（但在他們的論述中無事不探討），這其

---

108 這將來可能成真之事是指彭沛烏斯與凱撒之間的權力鬥爭，在53 BC
之前彭沛烏斯、凱撒及克拉蘇斯尚且保持權力平衡，當克拉蘇斯於
53 BC逝世後，凱撒與彭沛烏斯之間出現權力緊張關係。凱撒於49 BC
渡紅河進逼義大利時，彭沛烏斯帶軍避走希臘，凱撒攻克義大利後，
於48 BC轉向希臘，並在法爾沙陸斯（Pharsalus）一役將彭沛烏斯的軍
隊徹底擊垮。彭培烏斯逃往埃及並在該地被刺身亡。關於西塞羅在
當時的處境，參見導論，政治的西塞羅。

中有些人主張，應避免過度的友誼，所以一個人不需爲許多人
擔心；每一個人都有足夠自己所關心的事，過於介入他人事務
是種麻煩。將友誼的韁繩盡可能放鬆是有利的，你可調整鬆緊；
因爲活得快樂的要旨是免於擔憂，若一個人，所謂的，爲許多
人辛勞，他的靈魂無法享受寧靜[109]。

46.

然而，他們說有些人對我剛才所提到的主題，有更不厚道
的說法：友誼之所以需要，是出於保護與協助，而非出於善意
與相互關懷，因此當一個人缺乏精神與氣力時，他最需要友誼；
從此可見女性比男性更需要友誼的保護，而窮人比富人更需要
友誼，不幸的人比那些被認爲是幸運的人更需要友誼。

47.

高貴的智慧呀！因爲他們將友誼從生活中剔除，似乎是將
太陽從世界中移除，我們從不朽神祇得來的事物，無物比友誼
更好、更令人愉悅。到底那免於擔憂意謂什麼？從表面上看，
它確實誘人，但事實上在許多時候它應被去除。因爲爲了不要
受干擾而不著手從事有德的事或行爲，或當從事有德的事時，
能將它擱置，這是不合理的。因爲若我們避開憂慮，我們就必

---

109 在《梵蒂岡語錄》中，伊比鳩魯曾提及，祥和的人不會給自己與他
人帶來麻煩(79)，而且免於干擾是自給自足最好的成果(77)，因此
寧靜平和的生命是我們應追求的生命型態，至於朋友之間的來往最
好僅建立在需求上的互通有無(23, 39)(*TEP* 48, 50, 53)。

須避開德性，她在拒絕與憎恨對反於她的事物時，一定會帶些
困擾，就如同善拒絕惡，節制拒絕慾求，勇氣拒絕懦弱。由此
你可知，正義之士在不正義的事情中最感痛苦，勇者在軟弱之
事中最感痛苦，節制之人在浪費之事中最感痛苦。因此，良好
養成的靈魂的特質是能在好事中感到愉悅，而在不幸的事件中
感到傷痛。

48.

　因此，悲嘆之心發生在智者身上，正如它確實會發生，除
非我們認為，人性[110] 已從他的靈魂中連根拔除。我們將友誼從
生命中移除的理由是什麼，只為了不願承受她所帶來的苦惱？
因為當靈魂中的情緒被移除時，會出現何種差異性，我並不是
說人與禽獸的差別，而是人與石頭或樹幹或任何相同種類的事
物之間的差異性？我們也不應該聽那些主張德性是堅硬的，就
像是某種鐵塊的人[111]。事實上德性不但在於許多事物之中是柔
和仁慈，及順從、容易管理的，在友誼中亦是如此，她彷彿喜
悅當朋友有幸運之事，當不幸時也會消沉。因此，經常必須為
朋友感到苦惱的情緒，並未強烈到要將友誼從生命中移除，同

---

110 或同情憐憫之心（humanitas）。

111 史投巴伊烏斯說，（早期）斯多萬學派的智者之所以任何事都能勝
　　任，是因為他的行事是根據正確的理由（*kata logon orthon*）（*SVF* III,
　　560），而不依據正確的理由就是違反自然或人性（*para phusin*），情緒
　　（*pathos*）是違反正確的理由，故違反人性（*SVF* III, 378, 389）。西塞羅
　　強調人性中的情感／緒面應是受到中期斯多萬學派思想家帕奈提烏
　　斯及波希冬尼烏斯的影響，參見導論，斯多萬學派。

樣地，也不需放棄德性，只因她們帶來某些煩惱與困惑。

第十四章

再者，如上所述，因為德性鞏固友誼，若有任何德性的蛛絲馬跡綻放光芒，與她同質的靈魂會向她接近及會合，當這發生時，愛必然興起。

49.

因為受到許多無用之物的魅惑，如社會地位、稱頌、華廈美服及個人飾品，而不受到具備德性的有生物——他不是有愛的能力，若我可如是說，就是有回報愛的能力——的吸引，這是何等荒謬的事？因為無物會比回報善意，及愛與親切的關心更令人覺得愉悅。

50.

但或許我們也可適切加上這個觀點 112：沒有任何事能如友誼一般吸引匯集與她相似的事物；有德之人愛有德之人，而且與他們為伍，這是所謂的在自然的關係中結合 113。這個說法的

---

112 'illud etiam addimus, quod recte addi potest' 我將這兩句話在譯文中改為一句。

113 propinquitate atque natura，應譯為「在關係與自然之中」，而Gould and Whiteley: ibid. 15-16建議譯為「在自然關係之中」，類似的看法亦可參閱 J. S. Reid: ibid. 117及 C. Price: ibid. 97.

真實性可完全被確立，因為無物會比德性更盼求與自己相似的事物。因此，法尼烏斯及史凱渥拉，如我所想，這應是共識：在有德之人中，善意來自有德者，就像是一種必然性，它是由自然所構成的友誼的泉源。但這相同的善德也屬於一般大眾，因為德性不是無情，也不是自私，更不是自大，她習慣於保護一般大眾，並且給他們最好的建議；如果德性從一般大眾的相互關愛中退縮，她確定無法為他們服務[114]。

51.

而且，我認為那些為了效益披上友誼的外衣的人，是將友誼最可愛的聯繫給移除了。因為藉由朋友所產生的利益，並不如朋友的真愛更令我們心感愉快；來自朋友的事物是令人愉悅的，只要它的出現是伴隨著熱誠。友誼的培養是為了需求的說法乃絕對的謬誤，那些已擁有財富資源，而特別是擁有最能保護自己的德性的人，並不需要別人的幫助，他們是最自由，而且是最慷慨的人[115]。但我會認為，朋友不必然從未缺乏任何東西，因為若史奇皮歐在內政與外交軍事[116]都不缺乏建議與我們的協助，我們的熱誠該如何維持活力？因此，友誼不追隨利益，

---

114 quod non faceret protecto，原意為她確定不會做。
115 這個論證似乎無法讓人信服，因為沒有財富及資源的人可駁斥，他們之所以不自由、不慷慨，正因為缺乏，因此得有所求。但西塞羅藉此論證欲表達的觀點可能是，富有之人因無所需求，故友誼的形成，對他們而言，是獨立於利益的獲取與需求滿足之上。參見 Shuckburgh: ibid. 78-79及Gould and Whiteley: ibid.108.
116 militiae，指對外的軍事活動，參見C. Price: ibid. 99.

但利益追隨友誼。

第十五章

52.

因此，人們沒有必要傾聽那些放任自己在物質享受中[117]的人所說的話，當他們討論友誼時，他們既不懂友誼的實踐，也不懂她的理論。以神與人的信念為名，在既不愛人也不被愛的情況下，有誰想要過剩的財富及活在富裕的生活中？因為這是暴君的生活；也就是說，在這樣的生命中無法有信念、無法有愛、無法對善意具有穩定的信心；總是對所有的事物起疑心與焦慮，〔因此〕沒有友誼存在的空間[118]。

53.

的確有誰可能愛一個他恐懼的人，或愛上一個他認為會令他擔心受怕的人？然而暴君們只會在某段時間，被某些虛假的藉口奉承；但要是他們大權旁落，這常發生，他們會多麼缺乏朋友，這可以理解。他們說，被放逐的塔爾昆尼烏斯[119]曾說，

---

117 Shuckburgh: ibid. 79強調這是一道德敗壞的過程。
118 類似的觀點也出現在柏拉圖《理想國篇》第九卷，他說暴君目無法紀、索求無度、昏庸度日，並且極端猜忌，故不知朋友為何物，'eleutherias de kai philias alēthous turannikē phusis ageuotos'（576a6-7）。
119 參見第八章第28節。

如今他知道什麼樣的朋友是忠誠的，什麼樣的朋友是不忠誠的，卻已無法對兩者回應了 [120]。

54.

而且我懷疑以他的高傲與無禮，他是否能擁有朋友。正如塔爾昆尼烏斯的性格使他無法擁有真正的朋友，所以許多擁有權力之人的權勢讓忠誠的朋友無法接近。因為不僅運氣本身是盲目的，它也使被它擁抱的人盲目，因此他們幾乎因驕傲與頑固而忘形，沒有什麼事會比一個幸運的愚蠢之徒更令人難以忍受。的確我們也可這麼看：有些人先前具有和藹可親的性格，但受到官威、權力及功成名就的影響而改變，離開舊時的友誼，耽溺在新的友誼之中。

55.

當他們藉財富、權力及資源成為最有影響力的人，他們能夠獲得以金錢所能購買的事物，如馬匹、奴僕、漂亮的衣物及珍貴的器皿；他們卻不能獲得朋友，這所謂生活中最棒而且最美的東西，還有什麼事比這更愚蠢？事實上，當他們獲取其他事物時，為誰獲取這些事物，他們並不知道，他們也不知道為誰而努力工作？因為這裡面每一件事物都屬於以力量來征服的人。對每個人而言，他所擁有的友誼維持平穩確定，就算那些

---

120 Gould and Whiteley: ibid. 109，認為 '..., tum se intellexisse,..., cum iam...' 這句話中的tum與cum組成「只有當⋯⋯」的句型，但cum在此應指「然而」、「卻」較為通順。

謂之運氣的禮物的事物 [121] 繼續存在，但被朋友忽略而遺棄的生
命不可能快樂。對此已經說得夠多了。

第十六章

56.

現在我們必須決定，在友誼中，愛的界線與所謂的範圍是
什麼，關於此我知道有三個觀點被提出，但沒有一個是我贊同
的。第一，我們對朋友抱持的情感應與我們對待自己的情感一
樣；第二，我們對朋友的善意應等量地對應到朋友對我們善意；
第三，一個人看重自己，他也應該被他的朋友同等對待。這三
個觀點我完全不贊同。理由是，第一個觀點：因為人對自己抱
有好感，所以他應該對朋友抱有好感。

57.

事實上，有多少事我們只為朋友而做，從未為自己而行：
央求及懇求一位不足取的人，過於尖銳地斥責某人，及過於強
烈地批判別人。關於我們自身的事，我們處理得並不適切，但
處理朋友的事卻相當得宜。而且在許多時候，有德之人放棄或
忍受他們自己放棄自身的利益，所以朋友能享受與他們的相
處，而不是他們能享受與朋友的相處。

---

121 即上述世俗所認定的外在美善事物。

58.

另一個觀點將友誼設限在等量的關切與善意。這將友誼視爲
一種狹隘而不大方的算計，以至於受與施要平等。但對我而言，
真正的友誼更爲豐富與飽滿，不會爲了不讓付出多於接受的情形
發生，而嚴格控管。因爲毋須擔心對朋友的某些善意會失去，或
多到溢流滿地，或超過適切的善意堆積在友誼之上 [122]。

59.

第三個觀點事實上是最糟的：由於一個人看重他自己，他
應該被他的朋友以同樣的方式看重。因爲經常在某些人之中，
他們的心靈是過於沮喪的，對於博得更多好運的希望是殘破的。
所以身爲他的朋友不是以他對待自己的方式對待他，而是盡一切
努力讓朋友匍匐的靈魂能復甦，並帶來希望與較正面的想法。因
此不同於這三個觀點，我們必須決定真正友誼的範圍——在我說
完史奇皮歐很習慣駁斥的事之後。他否認有任何的說法會被認爲
比那個人所說的，對友誼更具敵意：我們應以如此的方式去愛，
就像有時候我們會恨一樣。但他不會被誘導而相信，就像一般人
以爲的，這句話是希臘七賢之一的畢亞斯所說 [123]。這是某個卑

---

[122] 在此將quid理解爲一種善意。這句話似乎以一種籃子的隱喻來表達真
正的友誼豐沛不竭，參見Shuckburgh: ibid. 81-82及Gould and Whiteley:
ibid. 111。而C. Price: ibid. 106，認爲defluat(溢流滿地)這個字暗示這
整句話是以度量水爲隱喻。

[123] 亞里斯多德在《修辭學》中提到這句話是畢亞斯所言，'kata tēn Biantos
hupothēkēn kai philousin hōs misēsontes kai misousin hōs philēsontes' (II,

鄙下流或自私的人的看法，或視所有事都與他的權力 [124] 有關的
人的意見。因為誰能夠成為另一個人的朋友，當他認為這個人是
他的敵人？而且，預期朋友會經常犯錯 [125]，也是必要的，所以
可以盡可能多給他些機會管控自己 [126]；再者，適切地為朋友的
行為與利益感到焦慮、悲傷及嫉妒會是必要的。

60.

因此，這個準則，無論它的作者是誰，的確具有摧毀友誼
的威力。下列事物反而應該成為被要求的準則：建立友誼時我
們須小心謹慎，在任何時候我們都不該喜歡一個我們在某些時
候會恨他的人。甚至假使我們在選擇朋友上比較不幸，史奇皮
歐認為，與其設法製造敵對的機會，我們應承擔這份友誼。

（續）────────────

xiii）。但傑利烏斯在《阿提卡之夜》中卻指出這句話是出自七賢中的
另一位智者奇隆之口，'Eius autm Chilonis,…''Hac'' inquit ''fini ames,
tamquam forte fortuna et osurus, hac itidem tenus oderis, tamquam
fortasse post amaturus'' '（I, iii, 30）。

124 potentiam，西塞羅以這個字針對那些以違憲的方式獲得權力的人，
參見Shuckburgh: ibid. 82；或隨興恣意使用權力的人，參見Price: ibid.
108。

125 在此將cupere et optare（欲求與期望）譯為「預期」。

126 Gould and Whiteley: ibid. 112 及 J. Powell: ibid. 107 認為 ad
reprehendendum是指對自己所犯的錯誤的批判，但Shuckburgh: ibid.
82認為這個表述是指對自己的控管，譯文根據後者的詮釋。

第十七章

61.

因此，我認為我們應該採用這些規範，亦即朋友的性格沒有瑕疵時，朋友之間是利害共同分享與承擔[127]，意見一致及絕對的善意，而且若有任何時候〔為挽救〕朋友們瀕臨危險的公民身分或名聲，應可對朋友以較不光明的善意給予協助，只要極大的惡名不隨之而來，我們可以脫離正軌，因為在某些限度上友誼可被賦予特權[128]。確實名譽〔的維護〕不可被忽略，而且也不應該將公民之間的善意——以巴結及奉承的態度獲得善意是可鄙的——視為人際交往[129]中一般普通的武器，情義所追隨的德性不應該被捨棄。

62.

然而——我確實經常回到史奇皮歐有關於友誼的談話——史奇皮歐抱怨，〔除了友誼外〕人們在所有事情上都較勤勉。一個人能說出他有幾隻母山羊、幾隻綿羊，卻無法說出他有多少

---

127 omnirum rerum，屬格複數形表特質或性質。

128 venia，原意為放縱或耽溺，在此應理解為友誼所有的某些特權。西塞羅並非鼓勵為了朋友可行不義之事（參見第十一章），而是在道德允許的範圍內，對朋友伸出援手。誠如《論語‧子張篇》，子夏所言：「大德不踰閑；小德出入可也。」

129 ad res gerendas，原意為為了做事。

位朋友 [130]。在購買牲畜上他們小心翼翼，在選擇朋友上他們粗心大意，而且沒有某種用來評斷誰適合當朋友的指標及特質。因此，我們應該選擇牢靠、穩定及有節操的人，這種人極為少有，我們也很難判斷一個人〔的好壞〕，除非我們確實試煉過他，而真正的友誼 [131] 是須經過試煉的，如此友誼超越評斷而且移除試煉的力量 [132]。

63.

因此，有智慧的人箝制衝動的善意，就像維繫他的行事原則 [133] 一般，所以當朋友的性格經過試煉後，就像馬匹經過測試

---

130 西塞羅在此引用色諾芬(Xenophon)的《蘇格拉底回憶錄》(*Memorabilia*)，'*tous pollous tōn men allōn ktēmatōn kai pavu pollōn autois ontōn to plēthos eidotas, tōn de philōn oligōn ontōn ou monos to plēthos agnoountas,...*'(II, iv, 4).

131 ipsa amicitia，參見*EN* VIII, 1157a21-24，'*ou gar hradion oudeni pisteusai peri en pollōn chronō huph' hautou dedokimasmenou; kai to pisteuein en toutois, kai to mēdepot' an adikēsai, kai hosa alla en tē hōs alēthōs philia axioutai.*'

132 根據普路塔荷的記載，塞歐弗拉斯圖斯說：「在愛陌生人前應先判斷，在判斷之後就應愛。」'*tous allotrious ou philounta dei krinein, alla krinanta philein*' *TSS* II, 538E；而根據魯提利普斯·陸普斯(Rutilipus Lupus)的記載，塞歐弗拉斯圖斯主張，謹慎小心之人在交友前會先測試他，'*prudentis esse officium amicitiam probatam appetere, non appetitam probare*' *TSS* II, 538D. 塞內卡在《給陸奇利烏斯的信》(*Ad Lucilium*)中也有類似的記載，'*post amicitiam credendum est, ante amicitiam iudicandum*'(I, 3, 2).

133 cursum，航道、航線。雖然Shuckburgh: ibid. 84認為currum比較符合文意，但他還是依循Gudianus的版本。而W. Falconer: ibid. 172-173的譯文 '... as we would that of chariot' 建議用currum，但拉丁文原文卻

一樣，我們可以選擇朋友。有些人常在小利上被識破，這些人
多麼善變；有些人並不為小利所動，卻在大額金錢上被看穿。
然而若可發現任何認為「喜歡錢更甚於友誼是卑賤的」之人，
我們將到哪兒找那些不會置公職上的獎賞、政治與軍事地位、
權力與財富於友誼之上的人，當一方面這些〔外在美善事物〕被
提出時，另一方面友誼的要求也被提出，他們不會較偏愛前者？
因為在蔑視權力上，人性是軟弱無力的，他們追求權力即使放
任友誼枯黃，他們認為怠慢友誼之事會被淡忘，因友誼之所以
被棄之不顧是有重要理由的。

64.

　　在參與公職與政治事務的人中，最難找到真正的友誼，因
為在哪兒你可找到一個人會把朋友的榮譽看得比自己還重？為
什麼？且讓我擱置這個問題。對許多人而言，介入他人的麻煩
是何等痛苦、何等棘手的事，要找到挺身相助之人並不容易，
但艾尼烏斯所言極是：「板蕩識忠誠。」[134] 然而，這兩件事證
明多數人的澆薄與善變：不是在順遂之時鄙視朋友，就是在落
魄之時需要朋友。因此，在這兩件事中，一個可顯現他在友誼
中是牢靠、有節操及穩定的人，我們應該認定這種人是極為少
見且非凡獨具。

（續）————————————
　　　　使用cursum。Combès, Bonaria及Powell: 2006的版本皆使用currum，
　　　　參見J. Powell: ibid. 170的說明。
　　134 'Certando prudens animan de corpore mitto'（VI, xii, 193）。

第十八章

65.

　　然而在友誼中我們尋求的是忠誠，它是穩定節操的堅實基礎，因為不忠誠的事物是不穩定的。此外，選擇誠實，志趣相同，及對相同的事物具有同樣感受的人是對的，這些特質都屬於忠誠。因為善變與不誠實的性格不可能忠誠，而且坦白說，不受相同事物感動的人，在本質上缺乏共同的感受，是不可能具有忠誠度或穩定性。在此之上應可再加上：他在指控你時不會感到愉悅，或當別人指控你時他不會相信那些指控，這些都屬於我之前討論的節操。因此，我在一開始所說的為真 [135]，友誼不可能在有德的人之外存在。因為堅守友誼的兩個原則，是有德之人，我們也可稱他們為智者的特質：第一，沒有虛假或偽善，坦率之人與其說會以虛矯的表情掩飾個人的看法，不如說他會公開地表達憎恨之意；第二，不僅要駁斥別人所提出的控訴，也不要心生疑竇地認為朋友做了壞事。

66.

　　可再加上某種說話與態度上的親切和藹，這絕不是為友誼

---

135 參見第五章第18節及第十四章第50節。

添加平庸的風格。然而〔生命中的〕沮喪與必然的苦澀 [136] 確實是
沉重的負擔，但友誼應是較令人快活且無限制，較令人愉悅及
更傾向所有好的情誼與殷勤有禮 [137]。

第十九章

67.

　　然而，在這一部分議題中的某些探究是比較棘手的：是否
在任何時候，值得交往的新朋友須被置於老朋友之上，就像我
們習慣於喜歡年輕力壯的馬更勝於老馬。這是個不值得我們〔花
心思〕的疑慮，因為友誼所帶來的滿足感並不同於其他事物帶來
的滿足感。所有最老的東西，就像那陳年老酒一般，應該是最
甜美的，而且俗諺說得好：要吃過許多鹽，友誼的義務才能實
現 [138]。

68.

　　然而，若新朋友帶來希望，就像結實纍纍的新枝看來不教
人失望一樣，他們確實不應被棄絕，但與老朋友的友誼應確保

---

136 in omni re severitas，原意為在所有事物中的苦澀。
137 facilitatem，好的本性，在此採用 W. Falconer: ibid. 177的英譯(urbane)。
138 相近於中國的俗諺：「路遙知馬力，日久見人心。」這句拉丁諺語
　　似乎引自亞里斯多德，'eis paroimian elēluthen ho medimenos tōn halōn'
　　Eud E VIII,1238a46. 參見第十七章第62節。

她的地位，因爲年齡與習慣的力量是相當大的。此外，在我剛
才提及的馬的例子中，若沒受到任何阻礙，沒有人不會感到在
駕馭一匹自己習慣的馬匹，會比駕馭一匹未經訓練的新馬來得
更容易。確實，習慣不僅在有生命體上產生作用，也在無生命
的事物上發揮效力，因爲我們對一些地方感到愉悅，就算是山
巒疊錯及林木茂密之地，我們都會長時間居住其中。

69.

在友誼之中最重要的是將自己與較自己低下的人置於同等
的位階 [139]，因爲個人的優越感經常存在，我或可說，史奇皮歐
在我們這一群人中就是這類人物。他從未認爲自己優於菲路
斯、魯皮利烏斯 [140]、穆米烏斯 [141] 及地位較低下的朋友。的確，
他的哥哥昆圖斯・麥克希穆斯 [142] 是百分百卓越之士，卻不必然
比得上他，因爲昆圖斯的年紀較長，所以史奇皮歐以傑出之士
禮遇他，史奇皮歐希望所有的朋友透過他皆能較功成名就。

---

139 友誼發生在兩位社經政治地位不對等人之間，是否意味著西塞羅的
　　友誼觀包含羅馬社會盛行的貴族與受其保護的侍從(clientelae)之間
　　的關係，參見D. Konstan: 1997, 137及1998, 293-298; T. N. Habinek:
　　1990, 178.

140 參見第十一章第37節。

141 Lucius Mummius，於153 BC在西班牙西部領軍，並於152 BC擊敗當
　　地的露西塔尼亞人(Lusitani, 即居住在現今西班牙西部，包括現在的
　　葡萄牙，的民族)，在146 BC被選爲執政官，隨後142 BC與史奇皮歐
　　一起任監察官。

142 Quintus Fabius Maximus Aemilianus(186-130 BC)，羅馬軍事將領，145
　　BC任執政官。

70.

　史奇皮歐的言行應成為所有人看齊的表率，若他們擁有德性、智性及運氣的優越性，他們可與近親好友一同分享。所以若他們來自於地位卑微的父母，若他們有在心靈上或運氣上都較脆弱的親友，他們或可增加這些人的資源，對占優勢者而言這些或許是種榮譽與價值。如在傳說中，那些因為對自己的出生與家族無知，而長期為奴的人，當他們知道自己是神祇或國王的子嗣時，依然對他們多年來一直視為父親的牧羊人保持關愛之心[143]。確實，在真正的父親身上應表達更多的關愛之情，因為與最親近的人分享性格、德性及一切優越性的成果，是最令人享受的時光。

第二十章

71.

　那些在友誼與親近的聯繫中占有優勢的人，應將自己與較

---

[143] 這個「他們」是指羅穆路斯（Romulus）及雷穆斯（Remus）兄弟，根據羅馬神話，這對雙胞胎是戰神馬爾斯（Mars）及爐火女神（Vesta）的女祭祀——瑞雅（Rhea）的私生子，他們的舅舅阿穆利烏斯（Amulius）將他們丟棄在臺伯河中，大難不死，並由一隻母狼照顧這對嬰孩，直到被皇室牧人法烏斯圖路斯（Faustulus）發現，與其妻將他們撫養成人，這對兄弟是羅馬建城的奠基者（*ODCW* 666-667），相關生平記載亦可見*Plut. Romu.*

劣勢者置於相等的立足點，所以劣勢者不會因優勢者在性格
上、在運氣上，或在身分地位上皆超越他們而感到困擾。大部
分位處劣勢的人經常對事物有抱怨，或甚至責難；更甚者，〔劣
勢者會抱怨優勢者付出太少〕若他們認為有某些事，他們能說是
自己以親切友善的方式，及某種努力而完成的。毫無疑問，令
人討厭的人是叱責體貼及善意關懷的人，他應該記住這些關懷
是給了誰，而不應該提誰付出了這些關懷 [144]。

72.

因此在友誼中較優秀的人應降尊紆貴，如此他們才能以某
種方式提攜較低下的人。因為有些人讓友誼變得不易處理，當
他們認為自己是被看不起的；這種事並不常發生，除了發生在
那些認為輕蔑是自己應得的人身上，他們須在言行上去除這種
想法。

73.

然而，每個人只能被給予這麼多的幫助：第一，你能力所
及之事；再者，你所喜愛及幫助的人能承受。因為無論你何等
的優秀，都不可能引導所有的朋友進入最重要的公職，如史奇
皮歐能讓普博利烏斯・魯皮利烏斯成為執政官，卻無法讓魯皮

---

144 塞內卡在《論義務》(De Officiis) 中有類似的看法，'inter prima
praecepta et maxime necessaria sit, ne umquam exprobrem, immo ne
admoneam quidem. Haec beneficiis inter duos lex est: alter statim
oblivisci debet dati, alter accepti numquam'(II, x, 4).

利烏斯的弟弟，陸奇烏斯 [145]，成爲執政官。但即使你有能力給予他人任何東西，也得看他有沒有能力承受。

74.

這是條通則：友誼應當是在性格與年齡皆已穩定確立之時來決定，而那些在孩童時期熱中於打獵或球賽的人，不應將當時與他們有相同嗜好的人視爲自己的親密好友 [146]。因爲以這種方式來看，奶媽與陪伴我們上下學的奴隸 [147]，可藉認識在先的權利，要求善意。這些人確實不該被忽視，但應以某些其他的方式〔給予尊重〕；除此通則外，堅定的友誼無法持續，因爲不同的性格伴隨著不同的嗜好，這些相異之處使友誼破裂；有德之人不能成爲無德之人的朋友，無德之人也無法與有德之人交友，這理由只有一個，那就是在他們之間性格與嗜好有著極大的差距。

75.

在友誼中要妥爲提醒或告誡：不要讓過多的善意，這經常

145 Lucius Rupilius，我們對他的生平一無所知。

146 參見第十章第33、34節。

147 paedagogi，這個字是來自希臘文的*paidagōgos*（複數*paidagōgoi*），其意爲引導小男孩或教育小男孩的人。在塞內卡的《論憤怒》（*De Ira*）提到身爲小孩子的（奴隸）導師放任小孩爲所欲爲，最終會導致小孩子脾氣暴烈易怒，無法接受任何批評，'Ideo unicius quo plus indulgetur, pupillisque quo plus licet, corruptior animus est. Non resistet offensis cui nihil umquam negatum est, cuius lacrimas sollicita simper mater abstersit, cui de paedagogo satisfactum est'（II,21）。

發生，妨害朋友們巨大的利益。因為，若我可提神話，尼歐普托勒穆斯不可能攻破特洛伊城，如果他聽從教導他的呂寇米德斯的話，他老淚縱橫地阻擋尼歐普托勒穆斯的航程 [148]。而且時常為履行要務，人必須與朋友分離，他想避免履行這些任務 [149]，因為無法輕易忍受思念〔之苦〕，這樣的人在本質上是軟弱的，就這理由來看，在友誼中他只為自己著想 [150]。

76.

因此，你可向朋友要求什麼及你允許什麼是可從你這兒獲得，這每件事都須斟酌。

第二十一章

在破裂的友誼中存在著某種災難，這有時是無法避免的，因為現在我們的論述是從智者們的親密關係下降至一般人的友誼 [151]。朋友的過失經常發生，有時對他們的朋友犯錯，有時對陌生人犯錯，但他們的醜名不逕而走，擴及到朋友。因此這種

---

148 Neoptolemus，為阿奇里斯與呂寇米德斯(Lycomedes)之女笛坦米雅 (Deidamia)的兒子，他又名皮魯斯(Pyrrhus)。參見維吉爾(Vergil)《艾尼德》(*Aeneid*)II, 469-559。

149 quas qui impedire vult，原意是他想阻止這些任務。

150 parum iustus，缺乏公平。西塞羅指出這種人只願享受友誼所帶來的快樂，不願做任何的個人犧牲。參見Shuckburgh: ibid. 91及Gould and Whiteley: ibid. 123。

151 真正的友誼永恆不變，參見第九章第32節。

友誼的聯繫應該藉放鬆關係來結束。而且，如我曾聽卡投說，
這種友誼與其說應該被撕裂，不如說應該被解開；除非有令人
難以接受的過錯爆發出來，以至於不立即與朋友斷絕往來是錯
的，是不名譽的，也是不可能的。

77.

而若性格或熱誠有某種改變，一如它習於發生，或是對國
家政治事務的意見相左而打斷友誼——因為我現在所說的，就
像我剛才所說的一樣，不是關於智者的友誼，而是一般人的友
誼——應小心以對，以免友誼被擱置一旁，而且招致敵意，因
為沒有任何事會比與你在生活上有緊密關係的人反目成仇更失
體面。如你們所知，史奇皮歐為了我斷絕於昆圖斯・彭沛烏斯
的友誼[152]；此外，因為政治立場的不同，他與我們的同儕占卜
師梅特路斯形同陌路[153]。他以有尊嚴的、適度的及沒有憤恨情
緒的方式做這兩件事。

78.

因此，首先應注意，以免發生朋友決裂之事，但若發生這
種事，與其說友誼看來是被壓制，不如說友誼看來是已枯熄。

---

152 141 BC的執政官選舉，彭沛烏斯向史奇皮歐謊稱不會成為賴立烏斯
　　的競選對手，卻私底下從事競選活動。參見第一章第2節。

153 Quintus Caecilius Mettelus Macedonicus，於148 BC任司法官，並出征
　　馬其頓，隨後於146 BC將馬其頓歸併為羅馬的一省，因此獲得
　　‘Macedonicus’ 的尊稱。於143 BC任執政官，於131 BC與彭沛烏斯一
　　起任監察官。

的確，我們應注意，不能讓友誼成為嚴重的敵意，從此會產生
爭吵、謾罵及侮辱的語言。然而若它們可被忍受，它們必須被
忍受，這種敬意應歸於老友間的友誼，做不義之事的人是錯的，
但承受此不義之事的人並沒做錯[154]。一般說來，對所有這些錯
誤與麻煩的預防措施只有一個：他們不要一開始太急著喜歡或
喜歡上不足取的人。

79.

此外，值得擁有友誼的人，在他們身上包含著被愛的理由。
這種人不多，的確所有高貴的事物皆稀有，沒有什麼事會比在
一類事物中，找到在各方面都完美的東西還難。但是大多數的
人除了有利的東西外，在人身上無法察覺任何好事，而他們愛
朋友就像愛自家的動物一樣，從這些人身上他們將可獲得巨大
利益。

80.

因此，他們失去最美及最自然的友誼，她是就其自身及為
其自身被欲求；他們也無法從自身的例子學得，友誼的力量是
什麼以及有多大。因為每個人都愛自己，不是因為他對他自己
要求某些愛的回饋，而是每個人都為自己珍重[155]，但除非同樣

---

154 與其做不義之事，不如承受不義之事帶來的傷害，柏拉圖說：'oute ara
antadikein dei oute kakōs poiein oudena anthropō, oud' an ho otioun
paschē hup' autōn' The Crito, 49c10-11.

155 per sibi quisque carus est，原意為每個人透過自己看重自己。

的感受轉移到友誼上，不然無法體驗到真正的朋友，因為朋友
是所謂的第二個自己 [156]。

81.

　　但如果在動物身上，〔無論是〕天上飛的，水中游的，或地
上爬的，或是溫馴的，或是野生的，這些事清晰可見：首先，
牠們愛自己，因為那是所有有生之物與生俱來的感覺；再者，
牠們尋找及渴求與牠們同種的動物，牠們可成為其中的一份
子。牠們的作為帶著熱切的期待，並且帶著某種類似於人類的
愛。這事情發生在人類身上會有多自然？一個人不但愛他自
己，也尋找另外一個人，他可將對方的靈魂與他自己的混合在
一起，所以幾乎能使兩個靈魂合而為一 [157]。

第二十二章

82.

　　然而，大多數人都錯誤地，說是無恥地也無妨，希望有這
樣的朋友，〔朋友的作為〕是連他們自己都無法企及的；他們有
求於朋友，卻不挹注朋友。而自己先成為有德之人，再尋求相
像的另一個自己，才是恰當，在這種人身上，堅定的友誼可被

---

156 參見第七章第23節。
157 亞里斯多德引用尤里皮德斯在《歐瑞斯提斯》(*Orestes*)所說的話，'mia
　　psuchē' *EN* IX, 1168b8.

強化，這我們之前已論及。當人們因善意而結合，他們首先將控管他們的欲望，其他人皆為欲望的奴隸，然後他們在公平與正義中感到愉悅，而且為對方設想一切；除了正直與正當的事外，他不會向對方要求任何事，在他們之間，他們不僅相互珍惜，互表愛意，而且也敬重對方；因為誰從友誼中移除敬重，他將從友誼中移除她最主要的特質。

83.

所以那些認為在友誼中所有的慾求與罪惡是自由開放的人，犯了毀滅性的錯誤。友誼出於人性，是德性的助手，不是罪惡的夥伴。德性無法獨自地達成她的終極目標，但當與他人聯合結盟便可達成。這種人與人之間的結合，無論現在、過去或未來，都應被視為關於人性至善的最佳與最幸福的同伴關係[158]。

84.

我說在這種〔人與人的〕結合中，所有的事物都是人們認為值得追求的，名譽、榮譽、平和的心境及愉悅的感受。所以當擁有這些東西時，生命會是快樂的；沒有它們，是不可能快樂[159]。因為這是最佳及最高貴的結合，如果我們想要擁有，應專

---

158 亞里斯多德也表達類似觀點，'*politikon gar anthrōpos kai suzēn pephukos; kai tō eudaimoni dē touth' huparxhei, ta gar tē phusei agatha' echei; dēlon d' hōs meta philōn kai epieikōn kreitton ē met' othneiōn kai tōn tuchontōn sunēmereuein. dei ara tō eudaimoni philōn.*' *EN* IX, 1169b15-20.

159 西塞羅用sit及possit(動詞的假設或祈願形式)來表達對快樂生命的期盼。

心致力於德性，沒有她我們既無法追求友誼，也不能追求任何
我們想要的事物。若德性真的被漠視，那些自認擁有朋友的人，
當某種重大的不幸事件迫使他們去測試朋友，最後他們會意識
到錯了。

85.

因此，的確應該常常說：在你下評斷之後，應該愛〔你的朋
友〕；當你已愛〔你的朋友〕，就不應評判他 160。然而在許多事情
上，我們因疏忽而遭罰，特別是在選擇朋友及珍惜友情上的疏
失。因為我們以倒序的方式執行計畫 161，而且行動遲緩，這都
是古代格言所禁止的；即便在一段長期的友誼或甚至在善意的
關懷中相互緊密聯繫，但當發生某些令人不悅之事時，我們便
從中斷絕友誼。

第二十三章

86.

在絕對必要的事情上有如此嚴重的疏失，更應該被譴責，
因為友誼在人事中，是所有人都對她的效益有一致的見解。但

160 參見第十七章第62節。
161 塞內卡說這個顛倒秩序的交友方式違背了塞歐弗拉斯圖斯的原則，'isti
vero praepoatero officiia permiscent qui, contra praecepta Theophrasti,…'
SLL I,3,2.

是德性卻被許多人蔑視，且被說成是某些自誇或炫燿。許多人
鄙視財富，粗食布衣讓那些滿足於少量物質的人感到愉快[162]；
至於公職，有人對它有旺盛的企圖，有人對它卻如此的鄙視，以
至於認為沒有事情比公職更空洞，更沒有價值[163]；同樣地，其他
事物對某些人而言是值得讚賞的，而有許多人會認為它們一無
是處。關於友誼，對人而言，所有人都有相同的看法，對那些
投身去公共事務的人，對那些優遊自在於知識與學問的人，及
對那些遠離政治事務，經營個人事業的人，最後對於那些完全
浸淫在享樂上的人而言；沒有友誼，生命是一場空，只要他們
在某種程度上還想過著有尊嚴[164]的生活。

87.

　　因為友誼在我們不知不覺的情況下，悄悄地進入到每個人
的生活中，而且她不會允許任何生命的形式，以沒有她的方式
度過。此外，即使任何人有著粗鄙低賤的本性，遠離且憎恨與
人為伍，如我們所知來自雅典的某位提蒙[165]，但是他不可能讓

---

162 斯多萬學派認為沒有錦衣玉食也能活得快樂。'dichōs de lagesthai
　　adiaphora; hapax men ta mēte pros eudaimonian mēte pros kakodiamonian
　　sunergounta, hōs echei ploutos, doxa, hugieua, ischus kai ta homia;
　　endechetai gar kai chōris toutōn eudaimonein,...' SVF III, 119.
163 西塞羅心中想的應是伊比鳩魯，在《梵蒂岡格言》中，伊比鳩魯主
　　張人應遠離政治事務(TEP 5, LVIII)。西塞羅自己在《論目的》第一
　　卷批判伊比鳩魯的思想會造成只追求快樂平靜，卻忽略了對國家社
　　會盡義務責任(34-36)。.
164 liberaliter，原意為像個自由人。
165 西塞羅的用字，nescio quem(某位)，似乎顯示他並不確定這位提蒙

自己不去尋找某人，在其面前他可傾吐悲苦的毒酒。此外設若
下述的事件真能發生，那〔人不能沒有朋友的〕事實便完全可被
證成：某位神祇帶我們離開人群，且將我們遺世獨立地安置於
某處，在那兒不虞匱乏地供給人性一切所需 166，這會使得人尋
找同伴的能力被移除。誰會如此鐵石心腸？誰能忍受那種生
活？而誰不會被孤獨奪走所有快樂的享受？

88.

　　因此，誠如我認為，塔倫提奴斯的阿爾屈塔斯 167 經常說的
話，我從我們的長者那兒聽來的，而他們又從他們的前輩那兒
聽來的：「若有人能登天，他將看見整個宇宙的本質與眾星的
美麗，但那讚嘆對他而言是不愉快的，能讓他覺得最愉快的是，
他能對某人描述〔他所見的一切〕。」所以，人性不愛孤獨之物，

（續）───────────

　　是誰。Timon，又名孤傲者(the misanthrope)，普路塔荷在描述艾爾
　　奇比亞德斯(Alcibiades)的生平時，曾提及此人(Plut. Alcib. XVI)，另
　　外在關於安東尼的傳記生平中說提蒙是雅典人，大約活躍於伯羅奔
　　尼撒戰爭時期，是亞里斯多芬尼斯(Aristophanes)的喜劇將他描寫成
　　一位孤傲者(Plut. Anth. LXX)。在亞里斯多芬尼斯的《呂希特拉塔》
　　(Lysistrate)中提蒙是位流浪者，他流浪是因為憎恨男人的邪惡，但
　　他是女性的好友(809-820)。此外，陸奇恩(參見第七章第24節)著有
　　《提蒙，或孤傲者》一書，其中描寫提蒙之所以沒有朋友，並不是
　　他孤傲，而是因為他的朋友將他的錢財拿走之後，便對他置之不理
　　(4-6)。

166 指生理與心理上的需求。

167 Archytas of Tarentinus(活躍於400-350 BC)，為畢達哥拉斯學派的哲
　　學家及數學家，並且是塔倫提奴斯的軍事將領。根據柏拉圖《第七
　　封書信》的記載，他曾派船到西拉克斯島(Syracuse)營救柏拉圖(DK,
　　47B5)。

而且總是仰仗某種支持，當這支持在一非常親近的朋友處尋得，最令人感到甜美。

第二十四章

但是，雖然這相同的人性以如此多的記號表達所欲求、尋找及渴望之事，我們卻設法對它的要求置若罔聞，我們也不聽它對我們的警告。因為友誼的互動是多樣且複雜的，也有許多猜忌與觸怒對方的動機呈現其中，這對智者而言有時候是要避免的，有時候是要移除的，有時候是要忍耐的。有一種觸怒對方的理由值得冒險一試，因此以保有友誼的效益與忠誠，因為朋友須經常被提醒告誡，而當它們以善意的方式被提出時，這些善意的提醒應以友善的態度被接受。

89.

不過我的朋友在他的戲中 [168]《來自安卓斯的女孩》，所言多少為真：「佞言招友，真言招恨。」[169] 真言是個麻煩，若仇恨真的由它而生，這是友誼的毒藥；但佞言更是個麻煩，因為放任朋友的過錯，將使朋友一頭栽進毀滅，而他的拒絕真言及受曲

---

168 這位朋友是喜劇作家特倫斯（Terence，約195-159 BC），生於迦太基，他到義大利被元老院議員特倫提烏斯・陸卡奴斯（Terentius Lucanus）收為奴，在此期間，特倫斯接受教育，且被賦予自由人的身分。他的喜劇皆以古希臘的喜劇為基礎，流傳至今共有六部，《來自安卓斯的女孩》（Andria）是他的第一部劇作。

169 'obsequium amicos, veritas odium parit.'（68），J. Barsby: 2001.

意奉承之言的蠱惑是最大的錯誤。因此,在這整個〔進真言〕的主
題中 170,須有思慮謹慎的態度:首先,建言要避免尖酸刻薄;
斥責則要避免侮辱性的語言。但在曲意奉承的例子中,因為我們
很高興使用特倫斯的話,讓善意現身,讓諂媚阿諛這錯誤的幫兇
被移除,不僅朋友對這幫兇感到羞恥,連自由人也對此感到不足
取,因為一種是與暴君共同生活,另一種是與朋友共同生活。

90.

然而我們必須為那個人感到沮喪,他的耳朵阻絕了真言,
所以他無法聽到來自朋友的實話。卡投的那句話真的很有名,
就像他許多〔評論一樣〕:「尖苛的敵人比看似令人愉快的朋友
更值得接受獎賞,前者經常說真話,後者從不說真話。」而我
將要描述的例子是荒謬:被給予忠告之人應該覺得為難時,沒
有如此的感受;但卻在不該感到為難時,感覺為難。因為他們
不為惡而苦惱,卻為斥責而心煩,然而,以此對友才是適切的:
行惡則憂,改過則喜。

第二十五章

91.

因此真正友誼的特質是給朋友忠告及接受忠告,並且要坦

---

170 參見第十三章第44節。

白正直而非嚴厲地給朋友忠告，要有耐心而非被強迫地接受忠告。必須嚴正以對的是，在友誼中沒有比虛偽奉承、哄騙諂媚，及歌功頌德 171 更具傷害性。你可選擇許多的惡名來形容這些人，他們的不值得信賴及虛偽——所說的一切只爲快樂而不爲真理——必須被標示出來。

92.

此外，在每件事情上不僅會有不正當的藉口，它實際上移除了對真理的判準及曲解真理，而且這不當的藉口對友誼有相當大的敵意，因爲它摧毀了真理，失去真理，友誼這個字便毫無意義。因爲友誼的力量是奠立在此基礎上：所謂的單一的靈魂是由許多靈魂所形成。這如何可能發生，如果即使在一個人身上都不總是具有一個完全一樣的靈魂，而是不同的、變動的及多樣的靈魂？

93.

因爲還有什麼東西是與一個人的靈魂一樣，能有如此的伸縮性與不穩定性？擁有如是靈魂之人不僅會改變〔態度〕去迎合他人的感受與意願，也會去順應他人的表情與要求。「如果有

---

171 西塞羅在此使用adulatio, blanditia, assentatio三字，雖皆可意謂阿諛奉承，但在意義上有些許不同，adulatio指行爲上的奉承；blanditia是言語上的諂媚，特別一提的是根據Lewis and Short的解釋，本字原意與adulatio及assentatio相反，是指「以詩的形式讚美他人」（*LD*: 1951, 241）；assentatio是對上位者一味地迎合吹捧。

人說『不』，我也會說『不』；如果有人說『是』，我也會說
『是』；最後我要求自己在每件事上都與他意見一致。」如特
倫斯說過同樣的話，但他是在格納投[172]這個角色中說的。認可
這類朋友壓根是愚蠢的表現。

94.

但是因爲許多人，如劇中的格納投，在家世、運氣、名聲
上都較優越，當他們的僞善附加上權勢時，他們的曲從性會是
個麻煩。

95.

然而以慎思明辨的態度，能夠區分出諂媚奉承的朋友與真
正的朋友，就像所有假貨贗品都能從純正真實的事物中分別出
來。公共集會是由最無知的人們組成，儘管如此，他們通常能
區分出譁眾取寵之人，亦即巴結阿諛、毫無原則之人，與堅守
原則、認真嚴肅、有尊嚴的人之間的不同。

96.

藉由諂媚奉承，卡爾寶·帕皮里烏斯[173]經常贏得公民大會
的支持，當他提出護民官得以連選連任的立法時，我發言反對

---

172 Gnatho，是特倫斯的《太監》(*Eunuch*)中的人物，他認爲這種馬屁術
是最有利可圖的求生手段，'is quaestus nunc est multo uberrimus'(250), J.
Barsby: ibid.

173 即蓋伊烏斯·卡爾寶，參見第十一章第39節。

此項立法。但不談我，我寧願談談史奇皮歐。不朽的神祇啊，
在他的演說中有著何等的重要性與莊嚴性，你會以何等欣然的
態度說，他是羅馬人的領導，而不是夥伴。但事實上你們都在
場，而且他的演說稿在每個人的手中，因此，這項人民的法案
被人民投票給否決。且讓我談一下自己，你記得當史奇皮歐的
哥哥昆圖斯・麥克希穆斯，及陸奇烏斯・曼奇奴斯 [174] 任執政官
時，蓋伊烏斯・李奇尼烏斯・克拉蘇斯 [175] 的神職人員服務法是
一項受歡迎的立法，因爲現任祭司們選任新進人員的任命權被
轉移到人民的手上，而且他是第一位當向人民演說時，是轉向
面對著廣場 [176]。然而，在我的辯護中，對不朽的神祇的尊崇輕
易擊潰他譁眾取寵的演說。提此辯護時我只是個司法官員 [177]，
在我任執政官的前五年。因此，那件事是由它本身的價值而受
支持，而非最高的權力 [178]。

---

174 Lucius Hostilius Mancinus，145 BC任執政官。
175 Gaius Licinius Crassus，145 BC任護民官。
176 通常在人民大會上，演說者是面向元老院發表演說，而非面向群眾。
但根據普路塔荷，第一位演講時不面對元老院的是提貝呂烏斯・葛
拉庫斯的弟弟蓋伊烏斯，'*ton de Hrōmatōn prōton epi tou bēmatos
peripatō te chrēsasthai kai perispasai tēn tēbennon eks ōmou legonta,...*'
Plut. Grach. II, 2.
177 時值146 BC。
178 賴立烏斯強調這整個推翻立法的過程，並不是因爲他身居高位才得
以成功，而是因爲提案對神祇不敬，導致立法失敗。

第二十六章

97.

　　但若在演講臺上，也就是在公民大會上，虛假之事與無稽之談有絕大的〔揮灑〕空間，儘管如此，真理，只要它是清晰明瞭的，依然有其影響力。在全然依賴真理的友誼中應該發生何事？在友誼中，如眾人所言，除非你看到坦誠懇切的心 [179]，同時也顯現你自己的坦誠懇切之心，你無事不信任，無事不確定，否則不要付出你的愛或接受他人的愛。然而諂媚阿諛，無論它是多麼地具有傷害性，都無法傷人，除非有人接受它並在其中感到快樂。因此，那張耳傾聽奉承巴結之人所言的人，就是個自我諂媚之人，而且對自己感到非常的滿意 [180]。

98.

　　德性當然是喜歡她自己，因為她非常了解自己，知道自己如何地值得人愛；但我現在不是在談論德性，而是談論關於對德性的意見，因為許多人希望被認為擁有德性，但他們卻沒有擁有她。奉承阿諛讓他們覺得愉快，當虛假之辭被他們用來滿足自己的欲求時，他們認為那空洞的言辭是他們值得被讚美的

---

179 apertum pectus，敞開的胸膛。
180 根據 W. Falconer: ibid. 203 的譯文。

證明。因此這不是友誼，因為一個不願意聽真話，另一個只願說謊。除非有吹牛的士兵，我們也無法在寄生者的喜劇中看到好笑的奉承阿諛：「說真的，塔伊斯非常感謝我嗎？」滿意的答案是：「非常。」寄生者說：「非常。」[181]諂媚奉承之人常常會誇張所言之事，以符合某人對該事高度的期盼。

99.

因此，即使是空洞的諂媚之語都能影響那些尋求或邀請它的人，此外就算是較堅定及較穩定的人也必須被示警，他們要注意不要被巧詐的諂媚之語給擄獲。事實上，除非一個人愚蠢至極，沒有人看不出公然奉承之人；不過諂媚奉承之人奸巧而且低調[182]，我們必須費心注意，使他無法滲入。他的確不容易被識出，由於他甚至藉反對來諂媚，以假裝吵架來奉承，而最後會投降並讓自己被擊敗，所以他看似可笑，卻有著較敏銳的眼光。然而有什麼事比被嘲笑還令人不悅？對尚未發生的事應保持警覺：

今天在喜劇臺上所有愚蠢老人之前，你以輕蔑的態度對待我，並極為完美地嘲弄我[183]。

---

181 特倫斯《太監》391-392，特拉索(Thraso)問依附於他的格納投，關於他的情人塔伊斯(Thais)收到禮物後的反應。

182 occultus，原意為秘密的、自持的。

183 這句話是出自凱奇利烏斯·史塔提烏斯(Caecilius Statius)的《女繼承人》(The Epiclerus)，關於這部劇作的內容，現僅存斷簡殘篇三篇。西塞羅在《論老年》第十一章第36節曾提到凱奇利烏斯對喜劇演員

100.

　　因爲這個不謹愼小心且容易受騙的老人性格，即使在戲臺上都是最愚蠢的。但無意間我的論述已從完美的人，亦即智者的友誼——我說這種智慧似乎可能降臨在人身上[184]——轉而成爲一無是處的友誼。因此讓我們回到一開始的話題[185]，並且讓我們最後爲那些論點做個總結。

第二十七章

　　蓋伊烏斯・法尼烏斯，還有你昆圖斯・穆奇烏斯，我說，德性啊，德性形成而且維繫友誼。因爲在德性中萬事萬物是和諧的，在德性中有穩定性，在德性中有堅眞不移的特質；當德性浮現，閃耀光芒，並認知到在他人身上也有著相同的光芒，她向那光芒移動，而且承接那人身上的光芒，從此燃起愛或友誼，因爲這兩個字都來自「愛」這個動詞[186]；此外，愛就是愛你所愛之人，沒有需求，也沒有利益的考量[187]，但是利益會從友誼中綻放，即使你不追求它。

（續）————————————

　　　的看法。參見L. Spengel: 1829, 170.

184 參見第五章第18節。

185 同上注。

186 參見第八章第26節。

187 nulla utilitate quaesit，原意爲沒有利益的追求。

101.

就是這種善意的感受，我們，身爲年輕人，喜愛那些長者，陸奇烏斯‧保路斯、蓋伊烏斯‧嘎路斯、普博利烏斯‧納希卡，及我們的史奇皮歐的岳父，提貝里烏斯‧葛拉庫斯[188]。這種感受在同輩之間更放異采，如我自己與史奇皮歐、陸奇烏斯‧傅里烏斯[189]、普博利烏斯‧魯皮利烏斯，及史普里烏斯‧穆米烏斯[190]。然而，現在我們身爲長者，在年輕人的關愛中感到快樂，就像在你們對我的關愛中，像在昆圖斯‧圖羅貝的關愛中，我們感到快樂。確實，我甚至在與年輕人的友誼中，普博利烏斯‧魯提利烏斯及奧路斯‧維爾吉尼烏斯[191]，感到相當快樂。因爲我們生命與本質是被安排好了的，所以另一個世代繼起[192]，誠如一般人所言，你可與同輩之人一起達成目的，亦可與他們從同一起始點出發，這是最令人渴求的事。

102.

然而因人事短暫易滅，我們常常要找尋某些我們所愛

188 此人（C2 BC 早期）是在第37及39節所提到的葛拉庫斯兄弟的父親。

189 即菲路斯，參見第四章第14節。

190 Spurius Mummius，第十九章第69節所提到的穆米烏斯的兄弟。

191 Publius Rutilius與Aulus Verginius同爲普博利烏斯‧穆奇烏斯‧史凱渥拉（Publius Mucius Scaevola，C2 BC，於130 BC任最高祭司）的學生。魯提利烏斯曾效力於史奇皮歐的麾下，並於105 BC任執政官，J. S. Reid: ibid.151及C. Price: ibid.146。

192 在Teubner: 1997, 84的注解中提及Orelli的注解認爲alia應寫爲alia ex alia，但Achetypus的手稿是alia。

及愛我們的人，事實上當關愛與善意不見了，生命中所有的愉悅也逝去了。的確對我而言，史奇皮歐，雖然猝死，但依然活著而且會一直活著，因爲我愛那個人的不朽的德性。她不僅存在於我眼前，總是在我唾手可得的範圍內，對後生晚輩而言也將是出色與卓越的。沒有人在以勇氣與希望從事較艱難的工作時，不會想到那個人的回憶與影像應置於他面前。

103.

是的，從運氣或天性所賦予我的所有事物中，沒有一件事我可將其與史奇皮歐的友誼相比。在這段友誼中，對政治事務的意見一致，關於私人事物的建言，而且在同一段友誼中的休閒生活，皆充滿了歡樂；在我所知的範圍內，即使是微不足道的小事上，我都未曾觸犯過他，我不曾聽他說過我自己不想聽的事；我們共住一間房，也一起生活，我們不僅一起於海外服役，也一起在異地旅遊，並在鄉下一起度假。

104.

而爲什麼我要說，關於我們耗費自己的休閒時光，遠離群眾的注意，熱忱不減地投入對事物的探究與學習？如果對這些事物的記憶與想念隨他一起逝去，我將無法忍受對最親近與最鍾愛之人的渴求。但這些事是不會消逝的，它們反而會在思想與記憶中得到滋養和強化；若我完全失去它們，我的年紀會帶

給我極大的安慰，因爲我無法久處於此渴望的狀態下 [193]。此外，所有短暫的痛苦都須忍受，即使它們極爲沉重[194]。這些是我對友誼的論述。那麼我鼓勵你們給予德性高度的評價，沒有她，友誼不可能存在，你們或可認爲除了她之外，無物比友誼更值得選擇。

---

193 賴立烏斯認爲自己行將就木。

194 西塞羅在此似乎使用了伊比鳩魯的思想，強調短暫的痛苦會帶來的很大的快樂，參見《主要學說》3及4(TEP 5)。這句話彷彿暗示著賴立烏斯對史奇皮歐的思念所帶來的短暫痛苦，會被賴立烏斯去世之後，與史奇皮歐在九泉之下相會的快樂取代。

參考書目

一、原典及譯注

Bonaria, M.(ed.)(1971). *M. Tulli Ciceronis Laelius De Amicitia*, Florentiae.

Combès, R.(ed. and trans.)(1975). *Cicéro: Laelius de Amicitia*, Paris: Les Belle Lettres.

Falconer, W. A.(ed. and trans.)(2001). *Cicero: On Old Age, On Friendship, On Divination*, Mass. Cambridge: Harvard University Press.

Gould, H. E. and Whiteley, J. L.(ed.)(1999). *Cicero de Amicitia*, Wauconda: Bolchazy-Carducei Publishers.

Powell, J. G. P.(ed. and trans.)(1990). *On Friedship*, Warminster: Aris & Phillips.

——.(ed.)(2006). *M. Tulli Ciceronis De Republica, De Legibus, Cato Maior De Senectute, Laelius De Amicitia*, Oxford: Oxford University Press.

Price, C.(ed.)(1902). *M. Tulli Ciceronis Laelius De Amicitia*, New

York: American Book Company.

Reid, J. S.(ed.)(1879). *M. Tulli Ciceronis Laelius De Amicitia*, Cambridge: Cambridge University Press.

Shuckburgh, E. S.(ed.)(1952). *Laelius: A Dialogue of Friendship*, London: Macmillan.

Simbeck, K. and Plasberg, O.(eds.)(1997). *M. Tullius Cicero: Cato Maior, Laelius, De Gloria*, Teubner: Sttugart und Leipzig.

二、相關文獻

Astin, A. E.(1967). *Scipio Aemilianus*, Oxford: Clarendon Press.

Bailey, C.(1951). 'The Epicureanism of Titus Pomponius Atticus', *Journal of Roman Studies* 41.

Barnes, J,(1989), 'Antiochus pf Ascalon', in Griffin and Barnes(eds.), ibid. 51-96.

——.(1997), 'Roman Aristotle', in Barnes and Griffin(eds.), ibid. 1-69. Barnes, J. and Griffin, M.(eds.)(1997). *Philosophia Togata: Plato and Aristotle at Rome*, Oxford: Clarendon Press.

Barsby, J.(ed. and trans.)(2001). *Terence: The Woman of Andros, The Self-Tormentor, The Eunuch*, Mass. Cambridge: Harvard University Press.

Basore, J. W.(ed.)(1958). *Seneca: Moral Essays* Vol. III, Mass. Cambridge: Harvard University Press.

Bossier, G.(1930). *Cicero and His Friends: A Study of Roman Society in the Time of Caesar*,(trans.)A. D. Jones, London:

Ward, Lock & Co.

Brunt, P. A.(1965). 'Amicitia in the Late Rome Republic', *Proceedings of the Cambridge Philological Society* II, 1-20.

D'Anna, I.(ed.)(1967). *M. Pacuvii Fragmenta*, Rome.

Davie, J.(2002). *Euripides: Heracles and Other Plays*, London: Penguin.

Degraff, T. B.(1940). 'Plato in Cicero', *Classical Philology* XXXV, 143-153.

Dillons, J. M.(1977). *The Middle Platonists: A Study of Platonism, 80 B.C. to A.D. 200*, London; Duckworth.

Earl, D.(1967). *The Moral and Political Tradition of Rome*, Ithaca: Cornell University Press.

Fowler, D. P.(1989). 'Lucretius and Politics', in Griffin and Barnes(eds.), ibid. 120-150.

Frede, M.(1998). 'The Sceptic's Two Kinds of Assent', in *The Original Sceptics: A Controversy*,(eds.)M. Burnyead and M. Frede, Indianapolis: Hackett Publishing Company, 127-151.

Gill, C.(1998). 'Altruism or Reciprocity in Greek Ethical Philosophy?', in *Reciprocity in Ancient Greece*,(eds.)C. Gill, N. Postlethwaite, and R. Seaford, Oxford: Oxford University Press, 303-328.

Griffin, M.(1997). 'From Aristotle to Atticus: Cicero and Matius on Friendship' in Barnes and Griffin(eds.), ibid. 86-109.

Griffin, M. and Barnes, J.(eds.)(1989). *Philosophia Togata: Essyas* on *Philosophy and Roman Society*, Oxford: Clarendon Press.

Habinek, T. N.(1990), '*Towards a History of Friendly Advice: The Politics of Candor in Cicero's* de Amicitia', in *The Poetics of Therapy: Hellenistic Ethics in Its Rhetorical and Literary Context*,(ed.)M. C. Nussbaum, Edmonton: Academic Printing & Publishing, 165-185.

Hadas, M(1968), *The Stoic Philosophy of Seneca*, New York: Doubleday Publisher, 1968.

Harmon, A. M.(ed. and trans.)(1915). *Lucian* Vols. II and V, Mass. Cambridge: Cambridge University Press.

Heath, M.(1987). *The Poetics of Greek Tragedy*, London: Duckworth.

Henderson, J.(ed. and trans.)(2000). *Aristophanes: Birds, Lysistra, Woman at the Thesmophoria*, Mass. Cambridge: Cambridge University Press.

Hoerber, R. G,(1959). 'Plato's Lysis', *Phronesis* 4, 15-28.

Howe, M. H.(1951). 'Amafinius, Lucretius, and Cicero', *American Journal of Philology* LXXII, 57-62.

Hunt, H. A. K.(1965). *The Humanism of Cicero*, Melbourne: Melbourne University Press.

Jones, H. L.(ed. and trans.)(1960). *The Geography of Strabo*, Mass. Cambridge: Harvard University Press.

Kerferd, G. B.(1972). 'Cicero and Stoic Ethics', in *Cicero and Virgil: Studies in Honour of Harold Hunt*, J. R. C. Martyn(ed.),

Amsterdam: Adolf M. Hakkert Publisher.

Keyes, C. W.(ed. and trans.)(1928). *Cicero: De Re Publica, De Legibus*, Mass. Cambridge: Harvard University Press.

Kidd, I. G.(1973). 'Posidonius' System of Moral Philosophy', *The Journal of Hellenic Studies* 93, 50-57.

———.(1989), 'Posidonius as Philosopher-Historian', in Barnes and Griffin(eds.), ibid. 38-50.

Konstan, D.(1995). 'Patrons and Friends', *Classical Philology* 90, 328-342.

———.(1996)'Greek Friendship', *American Journal of Philology* 117, 71-94.

———.(1997). *Friendship in the Classical World*, Cambridge: Cambridge University Press.

———.(1998). 'Reciprocity and Friendship', in C. Gill *et al*(eds.), ibid. 279-301.

Lamb, W. R. M.(ed. and trans.)(1996), *Plato: Lysis, Symposium, Gorgias*, Mass. Cambridge: Harvard University Press.

Lesses, G.(1993). 'Austere Friends: The Stoics and Friendship', *Apeiron* XXVI, 57-75.

Long, A. A.(1992). 'History of Western Ethics: 4. Roman', in *Encyclopedia of Ethics*,(eds.)L. C. Becker and C. B. Becker, New York: Garland Publishing, 474-480.

Marshall, P. K.(1990). *A. Gellii Noctae Atticae* Vol. I, Oxford: Oxford University Press.

Mitchell, T. N.(1984). 'Cicero on the Moral Crisis of the Late Republic', *Hermathena* 136, 21-41.

Mitsis, P.(1987). 'Epicurus on friendship and Altruism', *Oxford Studies in Ancient Philosophy*,(ed.)J. Annas, Oxford: Clarendon Press, 127-153.

O'Connor, D. K.(1989). 'The Invulnerable Pleasures of Epicurean Friendship', *Greek, Roman and Byzantine Studies* 30, 165-186.

Powell, J.(1995). 'Friendship and its Problems in Greek and Roman Thought', in *Ethics and Rhetoric: Classical Essays for Donald Russell on his Seventy-Fifth Birthday*,(eds.)D. Innes, H. Hune, and C. Pelling, Oxford: Clarendon Press, 31-45.

——.(ed.)(2002). *Cicero The Philosopher*, Oxford: Clarendon Press.

Rackham, H.(ed. and trans.). *Cicero: De Finibus Bonorum et Malorum*, Mass. Cambridge: Harvard University Press.

Rawson, E.(1985). *Intellectual Life in the Late Roman Republic*, London: Duckworth.

——.(2001). *Cicero: A Portrait*, London: Duckworth.

Sedely, D.(1989a). 'Philosophical Allegiance in the Greco-Roman World', in Griffin and Barnes(eds.), ibid. 97-119.

——.(1989b). 'Is the "Lysis" a Dialogue of Definition', *Phronesis* 34, 107-108.

——.(1997). 'Plato's Autoritas and the Rebirth of the Commentary Tradition', in Barnes and Griffin(eds.), ibid. 112-129.

Skutsch, O.(ed.)(1985). *The Annals of Q. Ennius*, Oxford:

Clarendon Press.

Smith, C. F.(ed. and trans.)(1999). *Thucydides: History of the Peloponnesian War Bks I-II*, Mass. Cambridge: Harvard University Press.

Spengel, L.(1829). *Caii Caecilii Statii Deperditarum Fabularum Fragmenta*, Monachii.

Steel, C.(2005). *Reading Cicero: Genre and Performance in Late Republic Rome*, London: Duckworth.

West, D.(1991). *Virgil: The Aeneid*, London: Penguin.

Zetzel, J. E. G.(1972). 'Cicero and The Scipionic Circle', *Harvard Studies in Classical Philology* 76.

人／神名索引

A

Accius(阿奇烏斯) 8 n.19

Achilles(阿奇里斯) 14 n.34, 56 n.148

Alcibiades(艾爾奇比亞德斯) 63 n.165

Amulius(阿穆利烏斯) 53 n.143

Antipater(安提帕泰爾) 31 n.87

Apollo(阿波羅) 7, 9, 12

Archytas(阿爾屈塔斯) 63

Aristonicus(亞里斯投尼庫斯) 32 n.90

Aristophanes(亞里斯多芬尼斯) 63 n.165

Aristotle(亞里斯多德) 7 n.17, 15 n.35, 17 n.42, 18 n.43、n.44, 20 n.50, 28 n.75, 45 n.123, 51 n.138, 59 n.157, 60 n.158

Artaxerxes(亞爾塔哲爾哲斯一世) 36 n.105

Aulus Gabinius(嘎比尼烏斯) 35

Aulus Gellius(傑利烏斯) 18 n.43, 46 n.123

Aulus Verginius(奧路斯‧維爾吉尼烏斯) 72

B

Bias(畢亞斯) 7 n.15, 45 n.123

C

Catilina(卡特利納) 34 n.98

Chilon(奇隆) 7 n.15, 46 n.123

Cicero(西塞羅) 3 n.2、n.4, 5 n.10, 6 n.12, 7 n.16、n.17, 9 n.23, 10 n.24, 12 n.27, 14 n.34, 17 n.40、n.41, 18 n.45, 20 n.51, 22 n.56, 24 n.63, 25 n.68, 27 n.71, 29 n.77, 30 n.82, 32 n.92, 34 n.98, 35 n.101、n.102, 37 n.108, 39 n.111, 41 n.115, 46 n.124, 47 n.128, 48 n.130, 52 n.139, 56 n.150, 60 n.159, 62 n.163、n.165, 66 n.171, 70 n.183, 74 n.194

Cleoboulos(克雷歐布婁斯) 7 n.15

n.30, 26 n.70, 42 n.118, 58 n.154, 63 n.167

Plutarch(普路塔荷)31 n.89, 48 n.132, 63 n.165, 68 n.176

Posidonius(波希東尼烏斯)39 n.111

Publius Cornelius Scipio(普博利烏斯·寇爾內利烏斯·史奇皮歐)4 n.7

Publius Cornelius Scipio Aemilianus Africanus(普博利烏斯·史奇皮歐·小阿菲里康奴斯)4, 5, 6, 8, 10, 11, 13, 14, 22, 27, 28, 30, 31 n.89, 33 n.95, 34, 41, 45, 46, 47, 52, 53, 54, 57, 68, 72, 73, 74 n.194

Publius Cornelius Scipio Africanus Maior(老阿菲里康奴斯)4 n.7, 13

Publius Mucius Scaevola(普博利烏斯·穆奇烏斯·史凱渥拉)72

Publius Papilius Laenas(賴納斯)31

Publius Rupilius(普博利烏斯·魯皮利烏斯)31, 52, 54, 72

Publius Rutilius(普博利烏斯·魯提利烏斯)72

Publius Scipio Nasica(普博利烏斯·納希卡)31 n.89, 34 n.100, 72

Publius Sulpicius(普博利烏斯·蘇爾皮奇烏斯)4

Pylades(皮拉德斯)14 n.34, 22 n.54

Pyrrhus(皮魯斯)25；尼歐普托勒穆斯之別名 56 n.148

Pythagoras(畢達哥拉斯)12 n.28

Q

Quintus Aelius Tubero(昆圖斯·圖貝羅)31, 72

Quintus Caecilius Mettelus Macedonicus(梅特路斯)57

Quintus Fabius Maximus Aemilianus(昆圖斯·麥克希穆斯)52, 68

Quintus Mucius Scaevola(昆圖斯·穆奇烏斯·史凱渥拉)3, 4, 5, 6, 8, 13, 14, 22, 23, 28, 31, 34, 41, 71；祭司史凱渥拉 4

Quintus Pompeius(昆圖斯·彭沛烏斯)4, 57

R

Remus(雷穆斯)53 n.143

Rhea(瑞亞)53 n.143

Romulus(羅穆路斯)53 n.143

Rutilipus Lupus(魯提利普斯·陸普斯)48 n.132

S

Sempronia(珊普羅尼雅)11 n.26

名詞索引

聯經經典
論友誼

2007年10月初版
2016年10月初版第二刷　　　　　　　　　　　　定價：新臺幣220元
有著作權・翻印必究
Printed in Taiwan.

著　　者	Marcus Tullius Cicero	
譯 注 者	徐　學　庸	
總 編 輯	胡　金　倫	
副總經理	陳　芝　宇	
總 經 理	羅　國　俊	
發 行 人	林　載　爵	

出　版　者　聯經出版事業股份有限公司　　　叢書主編　簡　美　玉
地　　　址　台北市基隆路一段180號4樓　　　校　　對　除　龍　貴
台北聯經書房　台北市新生南路三段94號　　　封面設計　而　立　設　計
　　電　話　(02)23620308
台中分公司　台中市北區崇德路一段198號
暨門市電話　(04)22312023
郵政劃撥帳戶第0100559-3號
郵撥電話　(02)23620308
印　刷　者　世和印製企業有限公司
總　經　銷　聯合發行股份有限公司
發　行　所　新北市新店區寶橋路235巷6弄6號2F
　　電　話　(02)29178022

行政院新聞局出版事業登記證局版臺業字第0130號

本書如有缺頁，破損，倒裝請寄回台北聯經書房更換。
聯經網址 http://www.linkingbooks.com.tw
電子信箱 e-mail:linking@udngroup.com

ISBN　978-957-08-3198-6 (平裝)

Cicero , Marcus Tullius: Cato Maior. Laelius. De gloria
Ed. by Otto Plasberg and K. Simbeck. 1917/1997
(＝Cicero: Scripta quae manserunt omnia. Fasc.47＝Bibilotheca scriptorum
Graecorum et Romanorum Teubneriana)
© 1917/1997 by B.G.Teubner, now Walter de Gruyter GmbH & Co. KG, Berlin
All rights reserved
K.G. Saur Verlag
An Imprint of Walter de Gruyter GMBH & Co., KG
Ortlerstra 8
81373 Munchen Germany

國家圖書館出版品預行編目資料

論友誼 / Marcus Tullius Cicero著．徐學庸譯注．
--初版．--臺北市：聯經，2007年
14.8×21公分．(聯經經典)
168面．含參考書目：7面；索引：8面
譯自：Laelius De Amicitia
ISBN　978-957-08-3198-6（平裝）
[2016年10月初版第二刷]

1.友誼

195.6　　　　　　　　　　　　96017818